CB127386

Contabilidade dos investimentos em participações societárias

Central de Qualidade — FGV Management
ouvidoria@fgv.br

PUBLICAÇÕES
FGV Management

SÉRIE GESTÃO FINANCEIRA, CONTROLADORIA E AUDITORIA

Contabilidade dos investimentos em participações societárias

Ricardo Lopes Cardoso

Carlos Vieira

Paulo Sérgio Machado Furtado

Waldir Jorge Ladeira dos Santos

FGV management

FGV EDITORA

ISBN — 978-85-225-0648-4

Direitos desta edição reservados à
EDITORA FGV
Rua Jornalista Orlando Dantas, 37
22231-010 — Rio de Janeiro, RJ — Brasil
Tels.: 0800-21-7777 — 21-2559-4427
Fax: 21-2559-4430
e-mail: editora@fgv.br — pedidoseditora@fgv.br
web site: www.fgv.br/editora

Impresso no Brasil / *Printed in Brazil*

1ª edição — 2008
1ª, 2ª e 3ª reimpressões — 2008
4ª reimpressão — 2009

Preparação de originais: Claudia Gouvêa

Editoração eletrônica: FA Editoração

Revisão: Aleidis de Beltran e Mauro Pinto de Faria

Capa: aspecto:design

Ilustração de capa: André Bethlem

Cardoso, Ricardo Lopes
Contabilidade dos investimentos em participações societárias / Ricardo Lopes Cardoso, Carlos Vieira, Paulo Sérgio Machado Furtado, Waldir Jorge Ladeira dos Santos. – Rio de Janeiro : Editora FGV, 2008.
224 p. – (Gestão financeira, controladoria e auditoria)

Acima do título: Publicações FGV Management.
Inclui bibliografia e anexos.

1. Contabilidade. 2. Administração financeira. I. Vieira, Carlos. II. Furtado, Paulo Sérgio Machado. III. Santos, Waldir Jorge Ladeira dos. IV. Fundação Getulio Vargas. V. Título. VI. Série.

CDD - 657

Aos nossos alunos e aos nossos colegas docentes,
que nos levam a pensar e repensar as nossas práticas.

Sumário

Apresentação

Este livro compõe as Publicações FGV Management, programa de educação continuada da Fundação Getulio Vargas (FGV).

Instituição de direito privado com mais de meio século de existência, a FGV vem gerando conhecimento por meio da pesquisa, transmitindo informações e formando habilidades por meio da educação, prestando assistência técnica às organizações e contribuindo para um Brasil sustentável e competitivo no cenário internacional.

A estrutura acadêmica da FGV é composta por oito escolas e institutos: a Escola Brasileira de Administração Pública e de Empresas (Ebape), dirigida pelo professor Bianor Scelza Cavalcanti; a Escola de Administração de Empresas de São Paulo (Eaesp), dirigida pelo professor Francisco Mazzucca; a Escola de Pós-Graduação em Economia (EPGE), dirigida pelo professor Renato Fragelli; o Centro de Pesquisa e Documentação de História Contemporânea do Brasil (Cpdoc), dirigido pelo professor Celso Castro; a Escola de Direito de São Paulo (Direito GV), dirigida pelo professor Ary Oswaldo Mattos Filho; a Escola de Direito do Rio de Janeiro (Direito Rio), dirigida pelo professor Joaquim Falcão; a Escola de Economia de São Paulo (Eesp), dirigida pelo professor Yoshiaki Nakano; o Instituto Brasileiro de Economia (Ibre), dirigido pelo professor Luiz Guilherme Schymura de Oliveira. São diversas unidades com a marca FGV, trabalhando com a mesma filosofia: gerar e disseminar o conhecimento pelo país.

Dentro de suas áreas específicas de conhecimento, cada escola é responsável pela criação e elaboração dos cursos oferecidos pelo Instituto de Desenvolvimento Educacional (IDE), criado em 2003 com o objetivo de coordenar e gerenciar uma rede de distribuição única para os produtos e serviços educacionais da FGV, por meio de suas escolas. Dirigido pelo professor Clovis de Faro, o IDE engloba o programa FGV Management e sua rede conveniada, distribuída em todo o país (ver www.fgv.br/fgvmanagement), o programa de ensino a distância FGV Online (ver www.fgv.br/fgvonline), a Central de Qualidade e Inteligência de Negócios, o Programa de Cursos Corporativos e uma Direção Acadêmica. Por meio de seus programas, o IDE desenvolve soluções em educação presencial e a distância e em treinamento corporativo customizado, prestando apoio efetivo à rede FGV, de acordo com os padrões de excelência da instituição.

Este livro representa mais um esforço da FGV em socializar seu aprendizado e suas conquistas. Ele é escrito por professores do FGV Management, profissionais de reconhecida competência acadêmica e prática, o que torna possível atender às demandas do mercado, tendo como suporte sólida fundamentação teórica.

A FGV espera, com mais essa iniciativa, oferecer a estudantes, gestores, técnicos — a todos, enfim, que têm internalizado o conceito de educação continuada, tão relevante nesta era do conhecimento — insumos que, agregados às suas práticas, possam contribuir para sua especialização, atualização e aperfeiçoamento.

Clovis de Faro
Diretor do Instituto de Desenvolvimento Educacional

Ricardo Spinelli de Carvalho
Diretor Executivo do FGV Management

Sylvia Constant Vergara
Coordenadora das Publicações FGV Management

Introdução

Este livro é dedicado ao estudo da contabilização dos investimentos permanentes em participações societárias.

Considerando que as palavras "investidora", "controladora" e "investida" são recorrentemente utilizadas neste texto, adotamos o termo ORA para designar, indistintamente, investidora e controladora, e o termo IDA para designar investida.

No primeiro dos seis capítulos é feita uma breve revisão da estrutura do balanço patrimonial e apresentado o conceito do termo mais utilizado ao longo do livro: participações societárias. É apresentado, ainda, o critério mais simples de avaliação das participações societárias, o custo de aquisição.

O segundo capítulo é dedicado ao estudo do método da equivalência patrimonial (MEP), base para o entendimento do conteúdo dos quatro capítulos seguintes.

O terceiro capítulo trata da elaboração das demonstrações contábeis consolidadas, aquelas que consideram o conglomerado econômico como sendo constituído por uma única entidade.

O quarto capítulo apresenta uma questão crucial ao cálculo da equivalência patrimonial e à elaboração das demonstrações contábeis consolidadas, ou seja, os lucros não-realizados, isto é, resultados apurados em transações realizadas entre empresas do mesmo grupo sem que o mesmo tenha sido validado com terceiros. Este capítulo apresenta, ainda, as transações entre partes relacionadas, seu significado, exemplos e as informações que a entidade precisa divulgar em notas explicativas.

No quinto capítulo é apresentada a reserva de reavaliação reflexa, ou seja, o efeito, no patrimônio da investidora, da reavaliação que a entidade investida, avaliada pelo MEP, reconhece de seus ativos.

O sexto capítulo é dedicado ao estudo da variação do percentual de participação que a investidora detém no capital social de suas investidas, com ênfase nos efeitos econômico-financeiros dessa variação.

Na seqüência são apresentadas as conclusões do livro e são sugeridos temas aos quais os alunos deverão se dedicar no estudo continuado sobre a contabilização dos investimentos em participações societárias.

Nos anexos apresentamos cópias das principais normas contábeis citadas neste livro.

No momento em que fechávamos esta edição, o Projeto de Lei nº 3.741/00, o qual promove alterações na matéria que dispõe sobre aspectos contábeis da Lei das Sociedades por Ações — 6.404/76, tinha sido submetido à Comissão de Constituição e Justiça e da Cidadania. É possível, portanto, que, em decorrência disto, modificações venham a ser introduzidas na próxima edição deste livro.

1

A participação societária e o critério do custo de aquisição

Este capítulo tem por objetivo explicar o que são as participações societárias e demonstrar uma regra básica de avaliação desses ativos, o critério do custo de aquisição. Para tanto é dividido em duas partes, a primeira dedicada à questão "o que é participação societária?" e a segunda ao "critério do custo de aquisição".

O que é participação societária?

Vamos fazer, nesta primeira parte do capítulo, uma breve revisão da estrutura do balanço patrimonial e do conceito de ativo. Em seguida, o conceito de ativo permanente investimentos, o significado de participações societárias e a diferença entre esse tipo de ativo em relação a outros investimentos permanentes. Ao final da seção são comentadas as inovações trazidas pela Deliberação CVM nº 488/05 no que tange à evidenciação do ativo no balanço patrimonial.

Conceito de ativo

Segundo as normas internacionais de contabilidade, "o ativo é um recurso controlado pela entidade como resultado de eventos passados e do qual se espera que resultem futuros benefícios econômicos para a entidade". Portanto é representado por uma série de contas relativas a bens e direitos que se agrupam de acordo com sua finalidade ou com o tempo de seu vencimento, podendo ser classificado em: circulante, longo prazo ou permanente.

A empresa tem a opção de manter seus recursos em ativos com alta ou com baixa liquidez, sendo a disponibilidade financeira um extremo e o diferido o outro. Também pode adquirir mercadorias para revenda ou imobilizados para uso, além de poder usar seus recursos em investimentos temporários ou permanentes. O quadro 1 sintetiza esse entendimento.

Quadro 1

ESTRUTURA DO BALANÇO PATRIMONIAL

Ativo	Passivo + PL
Ativo circulante	**Passivo circulante**
Disponibilidades	
Investimentos temporários de curto prazo	
Direitos de curto prazo	
Estoques	
Despesas antecipadas	
Realizável a longo prazo	**Exigível a longo prazo**
Investimentos temporários de longo prazo	
Direitos de longo prazo	
Ativo permanente	**Patrimônio líquido**
Investimentos	Capital social
Imobilizado	Reservas
Diferido	Lucros ou prejuízos acumulados

As empresas podem investir numa infinidade de ativos, inclusive em ações (ou cotas do capital social) de outras empresas — também chamadas de participações societárias.

As participações societárias representam aplicações de uma empresa (investidora) em outra (investida), ou seja, uma empresa adquire ações (ou cotas do capital social) de outra empresa, sendo, portanto, uma de suas proprietárias (acionistas ou sócias). Essas participações societárias podem ser temporárias, se a intenção da investidora for de revendê-las, ou permanentes, se a investidora tiver por propósito manter tal investimento durante período indefinido.

Entendido o que significam esses investimentos, vamos verificar como devem ser classificados e evidenciados no balanço patrimonial.

Diferenças entre investimentos em participações societárias classificados no ativo circulante, no ativo realizável a longo prazo e no ativo permanente investimentos

As participações societárias podem ser classificadas em um dos três grupos de ativo, dependendo da destinação do investimento ou da intenção da investidora.

As ações podem apresentar-se como ordinárias ou preferenciais. As ordinárias dão direito ao voto nas decisões levadas às assembléias da investida. No entanto as ações preferenciais normalmente não dão direito de voto, mas seus titulares têm o direito de receber dividendos com prioridade em relação aos proprietários das ações ordinárias. Observe que todas as ações têm direito a receber dividendos (exceto as recompradas pela própria empresa emissora — ações em tesouraria), mas, em razão de eventual indisponibilidade financeira, é necessário priorizar a distribuição dos dividendos entre os tipos de acionistas, titulares de ações preferenciais e ordinárias, nesta ordem.

As participações societárias cuja investidora pretende realizar (vender) no curto prazo devem ser classificadas no ativo circulante com a rubrica "investimentos temporários a curto prazo"; ou classificadas no ativo realizável a longo prazo com a rubrica "investimentos temporários a longo prazo" no caso de pretender vendê-las após os 12 primeiros meses. Finalmente, quando a investidora não pretender vender as ações (ou as cotas do capital social), estas deverão ser classificadas no ativo permanente investimentos, são as denominadas participações societárias permanentes.

O quadro 2 apresenta a classificação dos investimentos em participações societárias.

Quadro 2

Estrutura do balanço patrimonial, com destaque no ativo permanente investimentos (versão A)

Ativo	Passivo + PL
Ativo circulante	**Passivo circulante**
Disponibilidades	
Investimentos temporários de curto prazo	
Direitos de curto prazo	
Estoques	
Despesas antecipadas	
Realizável a longo prazo	**Exigível a longo prazo**
Investimentos temporários de longo prazo	
Direitos de longo prazo	
Ativo permanente	**Patrimônio líquido**
Investimentos	Capital social
Participações em controladas	Reservas
Participações em coligadas	Lucros ou prejuízos acumulados
Participações em equiparadas a coligadas	
Participações em outras entidades	
Outros investimentos permanentes (bens de renda)	
Imobilizado	
Diferido	

Conforme evidenciado no quadro 2, o ativo permanente investimentos é composto por participações societárias (em controladas, coligadas, equiparadas e outras entidades)[1] e por outros investimentos permanentes (bens de renda). Vejamos as diferenças entre os investimentos em participações societárias e em bens de renda.

Diferenças entre investimentos em participações societárias e bens de renda (AP investimentos)

Além das participações societárias permanentes, a investidora pode aplicar recursos em imóveis, metais preciosos e obras de arte, por exemplo. Se a investidora não tiver a intenção de realizar tais investimentos, mas de mantê-los por prazo indefinido, os mesmos deverão ser classificados no ativo permanente, e se não forem utilizados nas operações normais e operacionais da empresa, serão classificados no ativo permanente investimentos.[2]

Podemos, então, concluir que não só as participações societárias devem ser classificadas no ativo permanente investimento, mas também as aquisições destinadas à geração de renda ou em caráter permanente, conforme evidenciado no quadro 3.

A estrutura do balanço patrimonial apresentada nos quadros 1 a 3 está em consonância com as definições estabelecidas na Lei nº 6.404/76, entretanto a Comissão de Valores Mobiliários (CVM) emitiu a Deliberação nº 488/05, que altera esta estrutura. Vejamos, portanto, as inovações trazidas pela CVM.

---

[1] Essa taxonomia será explicada no capítulo 2.

[2] Quando forem utilizados nas atividades operacionais e normais da entidade, tais ativos serão classificados no ativo permanente imobilizado.

Quadro 3

ESTRUTURA DO BALANÇO PATRIMONIAL, COM DESTAQUE NO ATIVO PERMANENTE INVESTIMENTOS (VERSÃO B)

Ativo	Passivo + PL
Ativo circulante	**Passivo circulante**
Disponibilidades	
Investimentos temporários de curto prazo	
Em ouro ou pedras preciosas	
Direitos de curto prazo	
Estoques	
Despesas antecipadas	
Realizável a longo prazo	**Exigível a longo prazo**
Investimentos temporários de longo prazo	
Direitos de longo prazo	
Ativo permanente	**Patrimônio líquido**
Investimentos	Capital social
Participações em controladas	Reservas
Participações em coligadas	Lucros ou prejuízos acumulados
Participações em equiparadas a coligadas	
Participações em outras entidades	
Outros investimentos permanentes:	
Imóveis para renda	
Metais e pedras preciosos	
Obras de arte	
Veículos de coleção	
Imobilizado	
Diferido	

Comentários do impacto da Deliberação CVM nº 488/05 na evidenciação das participações societárias

A Deliberação CVM nº 488/05 entrou em vigor para as companhias abertas em 31 de dezembro de 2006, reclassificando o balanço patrimonial da seguinte forma: o realizável a longo prazo (RLP) e o ativo permanente (AP) foram reunidos no novo grupo denominado ativo não-circulante, enquanto o exigível a longo prazo passou a ser denominado passivo não-circulante. Ressalvadas essas alterações na forma de evidenciação, a Deliberação CVM nº 488/05 não promoveu qualquer alteração nos critérios de reconhecimento nem de mensuração das transações e dos eventos reconhecidos pela contabilidade.

O quadro 4 apresenta a comparação entre a estrutura tradicional (Lei nº 6.404/76) e essa nova estrutura (Deliberação CVM nº 488/05).

Quadro 4

Comparação da estrutura do ativo, modificada pela Deliberação CVM nº 488/05

Ativo antes da Del. CVM nº 488/05	Ativo depois da Del. CVM nº 488/05
Ativo circulante	**Ativo circulante**
Realizável a longo prazo	**Ativos não-circulantes**
	Realizável a longo prazo
	Investimentos
	Imobilizado
	Intangível (inclusive o ágio decorrente de benefícios futuros)
	Diferido
Ativo permanente	
Investimentos	
Imobilizado	
Diferido	

Feitos esses comentários iniciais, é necessário introduzir os conceitos que serão desenvolvidos ao longo deste livro, principalmente na segunda parte deste capítulo e no capítulo 2.

Possibilidade de avaliação pelos dois métodos: custo de aquisição e equivalência patrimonial

Os investimentos permanentes em participações societárias podem ser avaliados por dois métodos:

- custo de aquisição;
- equivalência patrimonial.

O método de custo de aquisição mantém as participações societárias avaliadas pelo valor de compra (custo de aquisição), independente da variação do patrimônio líquido da empresa investida ou de sua cotação na bolsa de valores. Este método é utilizado para as participações societárias classificadas no ativo circulante, no ativo realizável a longo prazo e para algumas participações classificadas no ativo permanente investimento. Por outro lado, o método de equivalência patrimonial avalia as outras participações societárias classificadas no ativo permanente investimento de acordo com o patrimônio líquido da empresa investida proporcionalmente à participação que a investidora tenha no capital social da empresa investida.

Fundamentos do método do custo de aquisição

Esta segunda parte do capítulo é dedicada ao estudo de um dos critérios de avaliação das participações societárias: o custo de aquisição.

O método do custo de aquisição atende ao princípio contábil do registro pelo valor original (ou custo como base de valor), tornando-se uma regra, enquanto o método da equivalência patrimonial, que será descrito e exemplificado no próximo capítulo, é a exceção da avaliação dos investimentos.

Conceito do método do custo de aquisição

Quando uma empresa investidora adquire ações ou cotas (capital social) de outra empresa investida, o valor da negociação (custo de aquisição) é registrado em conta do ativo e mantido, independentemente das alterações sofridas no patrimônio líquido (PL) da investida.

O método de custo de aquisição é aquele pelo qual o investimento de uma empresa em outra se mantém avaliado pelo custo histórico de aquisição (valor de negociação) no ativo da investidora, independente de a investida apurar lucro ou prejuízo.

Pode-se criar o seguinte cenário para melhor entender este conceito: a empresa investida IDA tem um capital social no valor de $ 100 mil e apresenta como proprietários de suas ações os sócios A, com 52%; B, com 38%; e C, com 10% do total do capital social. A empresa ORA adquire $ 8 mil em ações do capital social da empresa IDA por meio da compra de parte das ações do sócio B. Tal investimento representa 8% do total do capital social da empresa IDA. Sabe-se que a empresa ORA tem a intenção de manter tal investimento por prazo indeterminado.

Observe na tabela 1 a composição do quadro de sócios do Capital da empresa IDA antes e depois da aquisição das ações pela empresa ORA.

Tabela 1

PARTICIPAÇÕES SOCIETÁRIAS NA EMPRESA

Sócios	Participações societárias na empresa IDA	
	Antes da aquisição por ORA (%)	Após a aquisição por ORA (%)
A	52	52
B	38	30
C	10	10
ORA	–	8
Total	100	100

Aquisição de 8% do capital social da empresa IDA por meio da transação de compra entre a investidora e um dos sócios da empresa IDA (o sócio B) por $ 8 mil, em dinheiro:

Lançamento na investidora:

Débito	Ações da empresa IDA – conta do AP investimentos	8.000
Crédito	Disponibilidades	8.000

Observe, nas tabelas 2 e 3, os balanços patrimoniais das duas empresas após a transação.

Tabela 2

Balanço patrimonial da empresa ORA após aquisição das ações da empresa IDA

Ativo		Passivo + PL	
Ativo circulante	**50.000**	**Passivo circulante**	**35.000**
Disponibilidades	50.000	Fornecedores	35.000
Ativo permanente	**80.000**	**Patrimônio líquido**	**95.000**
Investimentos	**8.000**	Capital social	95.000
Participações societárias – IDA	8.000		
Imobilizado	**72.000**		
Total do ativo	**130.000**	**Total do passivo + PL**	**130.000**

Lançamento na investida: não houve em razão de a aquisição não representar nova integralização de capital.

Observe que o capital social da IDA permanece avaliado em $ 100 mil, afinal ORA não subscreveu novas ações, simplesmente adquiriu ações que pertenciam a outro acionista (o sócio B).[3]

[3] Caso ocorresse a nova integralização, bastaria IDA lançar:

Débito	Disponibilidades	8.000
Crédito	Capital social	8.000

Tabela 3

BALANÇO PATRIMONIAL DA EMPRESA IDA NESSA DATA

Ativo		Passivo + PL	
Ativo circulante	**40.000**	**Passivo circulante**	**10.000**
Disponibilidades	40.000	Contas a pagar	10.000
Ativo permanente	**70.000**		
		Patrimônio líquido	**100.000**
		Capital social	100.000
Imobilizado	70.000		
Total do ativo	**110.000**	**Total do passivo + PL**	**110.000**

Considere que num momento subseqüente a empresa IDA tenha apurado lucro no valor de $ 5 mil. Em conseqüência desse lucro, a empresa investida teve um aumento de seu ativo circulante e também do patrimônio líquido, gerando o balanço patrimonial apresentado na tabela 4.

Tabela 4

BALANÇO PATRIMONIAL DA EMPRESA IDA APÓS O LUCRO AUFERIDO DE SUAS OPERAÇÕES

Ativo		Passivo + PL	
Ativo circulante	**45.000**	**Passivo circulante**	**10.000**
Disponibilidades	45.000	Contas a pagar	10.000
Ativo permanente	**70.000**		
		Patrimônio líquido	**100.000**
		Capital social	100.000
Imobilizado	**70.000**	Lucro do exercício	5.000
Total do ativo	**115.000**	**Total do passivo + PL**	**115.000**

No método de custo de aquisição, como dito, o fato de a investida ter apurado lucro não altera o patrimônio da empresa investidora, logo ORA permanecerá com o mesmo valor no saldo da conta que registra o investimento em IDA.

Posteriormente, a empresa investida IDA declara dividendos no valor de $ 2 mil.

Lançamento na investida:

Débito	Lucros acumulados – PL	2.000
Crédito	Dividendos a pagar – PC	2.000

Conseqüentemente, ORA tem direito a receber 8% desse montante, isto é, $ 160.

Lançamento na investidora:

Débito	Dividendos a receber – AC	160
Crédito	Receita de dividendos – DRE	160

A declaração de dividendos pela investida à investidora que utiliza o método de avaliação de custo para seus investimentos será considerada uma receita na demonstração do resultado do exercício. A contabilização da receita pelo método do custo de aquisição ocorre em razão de o direito de receber dividendos. Na investida haverá o reconhecimento de um novo passivo circulante e redução dos lucros acumulados (conta do PL).[4]

Investida paga os dividendos a todos os seus acionistas, inclusive à ORA.

---

[4] Quando os dividendos forem declarados ou distribuídos pela investida à investidora dentro do prazo de seis meses da data de aquisição das ações ou cotas, a investidora não reconhecerá esses dividendos como receita, mas deverá reconhecê-los como redução do investimento em razão de a aquisição ter sido efetuada pelo valor das ações mais os dividendos (diz-se que as ações estavam "cheias"). Lançamento na investidora pela declaração de distribuição de dividendos por parte da investida avaliada pelo método da equivalência patrimonial (MEP) dentro dos seis meses de aquisição das participações societárias:

Débito	Dividendos a receber – AC	160
Crédito	Ações da empresa IDA – conta do AP investimentos	160

Lançamento na investida:

Débito	Dividendos a pagar – PC	2.000
Crédito	Disponibilidades – AC	2.000

Lançamento na investidora:

Débito	Disponibilidades – AC	160
Crédito	Dividendos a receber – AC	160

O pagamento do dividendo à investidora provocará um aumento nas disponibilidades da investidora e em contrapartida a extinção do direito sob o título "dividendos a receber", enquanto na investida haverá uma extinção do passivo denominado dividendos a pagar e a conseqüente redução das disponibilidades.

Vejamos na próxima seção os princípios contábeis relacionados ao método do custo de aquisição.

Princípios contábeis relacionados ao método de custo de aquisição

A Resolução CFC nº 750, de 29 de dezembro de 1993, nos dá os sete princípios que norteiam a aplicação racional e consistente da contabilidade no Brasil. São eles: entidade, continuidade, oportunidade, registro pelo valor original, atualização monetária, competência e prudência.

Este livro não tem o objetivo de detalhá-los, mas é necessário que possamos identificar os princípios que atingem a aplicação deste método.

O princípio do registro pelo valor original[5] é o mais atendido pela aplicação deste método de avaliação de investimentos. A Resolução CFC nº 750/93, em seu art. 7º menciona:

---

[5] De acordo com a Deliberação CVM nº 29/86, esse princípio é denominado princípio do custo como base de valor.

> Os componentes do patrimônio devem ser registrados pelos valores originais das transações com o mundo exterior, expressos a valor presente na moeda do País, que serão mantidos na avaliação das variações patrimoniais posteriores, inclusive quando configurarem agregações ou decomposições no interior da entidade.

Observe que a clareza do enunciado quanto à manutenção do valor de aquisição de um ativo, independentemente das variações patrimoniais posteriores, aproxima-se de forma incontestável da aplicação do método de custo da aquisição dos investimentos, tanto em caráter temporário quanto permanente, validando, assim, a aplicação plena deste método, pois mantém o valor do investimento em outra empresa independentemente do resultado de suas operações.

Também se aplicam os princípios da entidade e da continuidade. O princípio da entidade[6] reconhece a autonomia patrimonial, ou seja, mesmo que uma empresa invista em outra, a contabilidade reconhece os patrimônios individuas das duas empresas, investidora e investida. O que ocorre é a inclusão no ativo da investidora da conta de participações societárias. Os balanços patrimoniais são independentes, respeitando-se a identidade de cada empresa envolvida. A Resolução CFC nº 750/93 descreve em seu art. 4º:

> O Princípio da Entidade reconhece o Patrimônio como objeto da contabilidade e afirma a autonomia patrimonial, a necessidade da diferenciação de um Patrimônio particular no universo dos patrimônios existentes, independentemente de pertencer a uma pessoa, um conjunto de pessoas, uma sociedade ou instituição de qualquer natureza ou finalidade, com ou sem fins

[6] De acordo com a Deliberação CVM nº 29/86, esse princípio é denominado postulado da entidade.

lucrativos. Por conseqüência, nesta acepção, o patrimônio não se confunde com aqueles dos seus sócios ou proprietários, no caso da sociedade ou instituição.

O princípio da prudência[7] define que, havendo duas opções de mensuração, deve-se reconhecer o ativo pelo menor valor e o passivo pelo maior. Observe o art. 10º da Resolução CFC nº 750/93:

> O Princípio da PRUDÊNCIA determina a adoção do menor valor para os componentes do ATIVO e do maior para os do PASSIVO, sempre que se apresentem alternativas igualmente válidas para a quantificação das mutações patrimoniais que alterem o Patrimônio Líquido.
>
> §1º — O Princípio da PRUDÊNCIA impõe a escolha da hipótese de que resulte menor Patrimônio Líquido, quando se apresentarem opções igualmente aceitáveis diante dos demais Princípios Fundamentais de Contabilidade.

No caso de investimentos em participações societárias classificados no ativo permanente podemos contabilizar a provisão para perdas permanentes, que e uma conta retificadora da conta participações societárias e que registra as perdas efetivas ou potenciais do investimento por conta da empresa investida. A provisão para perda pode ser provocada pela redução do resultado da investida em razão de um sinistro não-recuperável ou, ainda, por prejuízos sucessivos da investida provocando uma situação líquida de passivo a descoberto.

Observe o exemplo: a empresa investida foi acometida por um sinistro em seu parque industrial que resultou numa perda

[7] De acordo com a Deliberação CVM nº 29/86, esse princípio é denominado convenção do conservadorismo.

não-operacional por sinistro não-segurado no valor de $ 15 mil. A empresa investidora participa com 8% do capital social da investida, o que representa para essa um ativo permanente investimento em participações societárias no valor de $ 8 mil. Em função de tal sinistro, ORA acredita que não conseguirá mais recuperar todo o custo de aquisição de seu investimento, mas somente $ 6.800. Portanto reconhecerá a provisão para perda no valor de $ 1.200. Daí surge a conta retificadora das participações societárias no valor calculado da provisão.

Lançamento na investidora:

Débito	Despesa com provisão para perda permanente em investimento	1.200
Crédito	Provisão para perda de investimento – conta retificadora do AP	1.200

Considerações finais

Este primeiro capítulo se dedicou a apresentar, de forma geral, os principais conceitos que serão estudados ao longo do livro e o critério do custo de aquisição, que é a regra de avaliação dos investimentos em participações societárias. Todos os demais capítulos deste livro são dedicados ou, no mínimo, estão relacionados diretamente com o método da equivalência patrimonial, que será descrito detalhadamente no capítulo 2, e suas conseqüências, nos demais capítulos. Não existe o método a ser aplicado de acordo com a vontade da empresa investidora, mas sim fundamentações legais que regem a classificação de cada investimento em um ou outro método, o que será estudado nos próximos capítulos.

Vimos neste capítulo uma breve revisão da estrutura do balanço patrimonial, na forma estabelecida pela Lei nº 6.404/76 e na forma alterada pela Deliberação CVM nº 488/05. Conceituamos o ativo permanente investimentos — participações societárias como as aplicações de recursos em ações ou cotas do capital social de outras entidades que a investidora tem por objetivo manter em carteira, isto é, não pretende realizá-las financeiramente. Esses ativos podem ser avaliados por dois critérios distintos: o custo de aquisição e o método da equivalência patrimonial.

Vimos, ainda, que o critério de avaliação com base no custo de aquisição é a regra por atender ao princípio do custo como base de valor.

Seguindo este critério, a investidora deve manter as participações societárias que detém de outras entidades avaliadas pelo custo de aquisição. Pouco importa se a investida apura lucro ou prejuízo, ou mesmo se distribui dividendos (exceto se dentro de seis meses contados da data da aquisição da participação societária). Entretanto, como para todo e qualquer ativo, se a investidora identificar a expectativa de ocorrência de perdas permanentes, precisará reconhecer a respectiva provisão.

2

Fundamentos do método da equivalência patrimonial

O presente capítulo tem por finalidade demonstrar o efeito da utilização do método da equivalência patrimonial na estrutura de resultado e patrimonial da entidade investidora, discutindo seus efeitos econômico-financeiros. Destaque especial é dado à obrigatoriedade de adoção deste critério de avaliação.

Aspectos gerais

Teoricamente, os investimentos deveriam contribuir para o processo de crescimento da riqueza da entidade e, conseqüentemente, de seus investidores, cabendo ressaltar que a fundamentação da avaliação dos investimentos está baseada na modalidade dos mesmos. Os investimentos de natureza permanente no capital de outras entidades são classificados no subgrupo investimentos, que faz parte do ativo permanente, conforme o inciso III do art. 179 da Lei nº 6.404/76, a Instrução CVM nº 247/96 e a Resolução CFC nº 732/92 — NBC T4.

Os investimentos em ações e cotas do capital social de entidades controladas, coligadas e equiparadas a coligadas serão avaliados segundo o método da equivalência patrimonial, a partir da constatação de que a participação está de acordo com as regras definidas para a utilização deste procedimento. A finalidade do método é refletir no patrimônio da entidade investidora a parte que lhe cabe em relação aos efeitos econômicos, positivos ou negativos, gerados em função do conjunto de decisões adotadas pelos gestores da investida. Dessa forma, será mantida a percentagem de participação da entidade investidora no capital social da investida apesar das modificações sofridas no seu patrimônio líquido.

A Lei das Sociedades por Ações, em seu art. 248, define que serão avaliados pelo método da equivalência patrimonial os investimentos:

- em sociedades controladas;
- relevantes em sociedades coligadas em cuja administração a investidora tenha influência, ou de que participe com 20% ou mais do capital social da investida.

A relevância ocorrerá em cada sociedade controlada ou coligada se o valor contábil em cada investimento for igual ou superior a 10% do patrimônio líquido da investidora. No conjunto de sociedades coligadas e controladas ocorrerá relevância se o valor contábil total dos investimentos for igual ou superior a 15% do patrimônio líquido da investidora. O valor contábil do investimento em sociedades coligadas e controladas abrange o custo de aquisição mais a equivalência patrimonial e o ágio não-amortizado deduzidos da provisão para perdas e deságio ainda não amortizado. Para fins de determinação dos citados percentuais, serão adicionadas aos valores contábeis do investimento as quantias a receber (créditos) da sociedade investidora contra suas coligadas e controladas, desde que tais créditos sejam alheios à atividade-fim da investidora. Por exemplo: adiantamento para futuro aumento do capital social e demais empréstimos, conforme o art. 247 da Lei nº 6.404/76 e o art. 4º Instrução CVM nº 247/96.

Buscando melhor discernir a obrigatoriedade de se avaliarem os investimentos em participações societárias pelo método da equivalência patrimonial, vejamos os conceitos fundamentais à aplicação deste método.

Conceitos fundamentais

Destacamos:

- controladas — são entidades investidas sobre as quais a investidora exerce o efetivo controle, diretamente ou por intermédio de outras controladas. Entendem-se por "controle efetivo" a preponderância nas deliberações sociais e o poder de eleger a maioria dos administradores de forma permanente;
- coligadas — são entidades investidas das quais se participa com 10% ou mais do seu capital social, sem controlá-las. Observe que é irrelevante, para a coligação, se a participação no capital assegura ou não o direito a voto.

Ainda, com o propósito de melhor discernir a obrigatoriedade de se avaliarem os investimentos em participações societárias pelo método da equivalência patrimonial, vejamos as considerações legais que envolvem a interpretação desses conceitos.

Considerações legais

A coligação só poderá se dar por participação direta, enquanto o controle poderá ocorrer por participação direta ou indireta, conforme a Lei nº 6.404/76. A CVM também determina que as participações das entidades abertas em controladas devem ser avaliadas pela equivalência patrimonial, independentemente de haver relevância. Adicionalmente, a Instrução

CVM nº 247/96 criou uma nova classificação: a equiparada à coligada.

Equiparadas à coligadas são entidades investidas das quais se participa com 10% ou mais do seu capital votante, sem controlá-las, direta ou indiretamente. Entende-se por capital votante as ações ou cotas do capital social que dão a seu titular o direito a voto.

As ações com direito a voto não se resumem às ações ordinárias (conhecidas no mercado de capitais como ON), uma vez que a empresa investida pode lançar ações preferenciais (PN) com direito a voto.

Uma vez que se identificou tratar-se de investimento em controlada, já se pode afirmar que o critério de mensuração a ser adotado pela investidora é o método da equivalência patrimonial (MEP). Por outro lado, identificando-se tratar de investimento em coligada ou equiparada à coligada, ainda não se pode afirmar qual será o método de avaliação (custo de aquisição ou MEP), pois é necessário verificar se a investidora tem "influência" sobre a coligada ou equiparada e se tal investimento é "relevante" para a investidora.

Considerando que o termo influência envolve certo nível de subjetividade, vejamos o que se entende por influência para os fins da avaliação das participações societárias pelo MEP.

A questão da influência nas decisões

A Instrução CVM nº 247/96 enumera situações que evidenciam a influência da investidora na gestão da coligada (e equiparada):

- participação nas deliberações sociais, inclusive com a existência de administração comum;
- poder de eleger ou destituir ao menos um de seus administradores;

- volume significante de transações, inclusive com o fornecimento de assistência técnica ou informações técnicas essenciais para as atividades da investidora;
- significativa dependência tecnológica da investida em relação à investidora;
- dependência econômico-financeira da investida em relação à investidora;
- recebimento permanente, pela investidora, de informações contábeis detalhadas, bem como de planos de investimento da investida;
- uso comum de recursos materiais, tecnológicos ou humanos.

Além disso, a Instrução CVM nº 247/96 estabelece que se pressupõe influência quando a investidora participa com 20% ou mais do capital social da coligada ou equiparada a coligada.

Pelo estudado até este ponto, identificando-se tratar de investimento em controlada, já se pode afirmar que o critério de mensuração a ser adotado pela investidora é o MEP. Por outro lado, identificando-se tratar de investimento em coligada ou equiparada a coligada na qual não se tenha influência, pode-se afirmar que a investidora avaliará seu investimento pelo custo de aquisição. Entretanto, sendo caracterizada a influência da investidora na coligada ou equiparada, ainda não se pode afirmar que método de avaliação será usado (custo de aquisição ou MEP), pois é necessário verificar se tal investimento é "relevante" para a investidora.

Processo de apuração da relevância

Considera-se relevante o investimento cujo valor corresponde a 10% (individualmente) ou 15% (em conjunto de todos os investimentos em controladas, coligadas e equiparadas a coligadas) do patrimônio líquido da investidora.

Portanto o cálculo da relevância implica a adoção da seguinte equação:

$$\text{Peso do investimento no PL da investidora} = \frac{\textit{valor do investimento}}{\textit{PL da investidora}}.$$

Sendo que:

- se o peso do investimento em cada coligada ou equiparada for maior ou igual a 10%, considera-se investimento relevante;
- se o peso do investimento no conjunto de todas as controladas, coligadas e equiparadas a coligadas for maior ou igual a 15%, consideram-se todos os investimentos relevantes, mesmo que individualmente o respectivo peso seja menor que 10%.

O valor do investimento (numerador da equação) corresponde à soma algébrica de:

> custo de aquisição do investimento + ágio ainda não amortizado – deságio ainda não amortizado + equivalência patrimonial (seus ajustes) + empréstimos da investidora contra a investida, desde que alheios à atividade-fim da investidora = valor do investimento.

Resumindo o conteúdo apresentado até este ponto, temos que:

- os investimentos em entidades controladas são avaliados pelo MEP, independentemente da relevância;
- os investimentos em entidades coligadas e equiparadas a coligadas, nas quais não se tenha influência, são avaliados pelo custo de aquisição, independentemente da relevância;
- os investimentos em entidades coligadas e equiparadas a coligadas não relevantes para a investidora são avaliados pelo custo de aquisição, independentemente da influência;
- os investimentos em entidades coligadas ou equiparadas a coligadas, nas quais se tenha influência e que sejam relevantes para a investidora, são avaliados pelo MEP.

Finalmente, os investimentos em entidades que não sejam classificadas como controladas, coligadas, nem equiparadas a coligadas são avaliados pelo custo de aquisição, independentemente da influência e da relevância. A rigor, não há que se investigar influência nem relevância para investimentos em entidades não enquadradas em quaisquer das três classificações.

Um exemplo

Vamos imaginar que a entidade investidora ORA tenha participação nas entidades apresentadas na tabela 5.

Tabela 5
PARTICIPAÇÃO NAS ENTIDADES

Entidades investidas	Valor contábil do investimento	Participação em percentual no capital das investidas
IDA 1	15.000	100
IDA 2	28.000	18
IDA 3	4.500	6

Outras informações:

- o patrimônio líquido de ORA era de $ 250 mil;
- as participações nas entidades IDA 2 e IDA 3 são sem direito a voto;
- a investidora não tem a preponderância nas deliberações sociais nem o poder de eleger a maioria dos administradores das entidades IDA 2 e IDA 3;
- a investidora tem influência na gestão da investida IDA 2, pois recebe informações detalhadas quanto aos planos de investimento;
- a investidora não tem qualquer influência na gestão da investida IDA 3.

É necessário identificar a possibilidade de ser feita a avaliação pelo MEP. Para tanto teremos que analisar se as investidas são coligadas ou controladas de ORA.

Temos que a participação na investida IDA 1, por tratar-se de uma subsidiária integral e, nesse caso, a investidora possuir a totalidade das ações, inclusive das com direito a voto, é uma entidade controlada. Conseqüentemente, a investidora ORA avaliará sua participação da investida IDA 1 pelo MEP.

Quanto à participação na investida IDA 2, não existe controle da investidora sobre ela, pois os conjuntos das ações que a investidora possui não dão direito a voto e, conforme explicitado no enunciado, a investidora não tem preponderância nas deliberações sociais nem poder de eleger a maioria dos seus administradores. Entretanto, como a participação é de 18% do capital social, sem que haja controle, existe a coligação, posto que a participação é maior que 10% do capital social. Embora a investida IDA 2 seja uma coligada, ainda não se pode afirmar quanto ao método de avaliação desse investimento, pois ainda é necessário investigar se há influência em sua gestão e se o investimento é relevante.

Então, vejamos: segundo o enunciado, a investidora recebe informações detalhadas quanto aos planos de investimento de IDA 2, o que caracteriza a influência de ORA em sua gestão. Portanto IDA 2 é uma coligada na qual ORA tem influência. Para se determinar o método de avaliação é necessário, ainda, investigar se tal investimento é relevante para a investidora. Vejamos: valor do investimento ($ 28 mil) dividido pelo patrimônio líquido da investidora ($ 250 mil) = 11,2%, portanto maior que 10%. Dessa forma, este investimento é isoladamente relevante para a investidora ORA. Logo, deve ser avaliado pelo MEP.

Finalmente, em relação à participação na investida IDA 3, não existe controle da investidora sobre esta investida, conforme o enunciado e pelo fato de o investimento ser exclusivo em ações que não dão direito a voto. Nesse caso, não há coligação, pois o percentual de participação (6%) é menor que 10% do capital social da investida. Pelo fato de o investimento ser exclusivo em ações sem direito a voto, não há que se discutir se a investida IDA 3 é uma equiparada à coligada, pois é nula a participação no capital votante. Portanto IDA 3 não é controlada, nem coligada, nem equiparada a coligada de ORA. Dessa forma, não é necessário investigar a influência nem a relevância, pois esse investimento precisa ser avaliado pelo custo de aquisição.

Comentários adicionais

Esta seção é dedicada a discutir temas que são dúvidas recorrentes entre os profissionais da área.

É necessário analisar a relevância de investimentos em controladas?

Se a investidora não fosse uma sociedade por ações de capital aberto, portanto se não fosse sujeita às normas da CVM, especificamente à Instrução CVM nº 247/96, seria necessário verificar se o investimento na controlada IDA 1 é relevante, pois estaria sujeita à Resolução CFC nº 732/92, NBC T 4.

Nesse caso teríamos: valor do investimento ($ 15 mil) dividido pelo patrimônio líquido da investidora ($ 250 mil) = 6%, portanto menor que 10%. Assim, este investimento não é isoladamente relevante para a investidora. Seria, então, necessário investigar se, no conjunto, os investimentos em controladas e coligadas são relevantes, ou seja, valor dos investimentos em controladas e coligadas ($ 15 mil + $ 28 mil) dividido pelo patrimônio líquido da investidora ($ 250 mil) = 17,2%, portanto maior que 15%. Dessa forma, todos esses investimentos são relevantes para ORA e, conseqüentemente, a investidora continuaria avaliando os investimentos em IDA 1 e IDA 2 pelo MEP.

Créditos como fator determinante para apuração da relevância

Os créditos da investidora em relação às suas investidas deverão ser computados na determinação da relevância do investimento, desde que sejam alheios à atividade-fim da investidora.

Admitamos a estrutura patrimonial da investidora F apresentada na tabela 6 para a determinação da relevância.

Tabela 6

BALANÇO PATRIMONIAL DA INVESTIDORA EM 31-12-20X6

Ativo		Passivo + PL	
Ativo circulante	**105.200**	**Passivo circulante**	**16.000**
Disponibilidades	1.000	Empréstimos a pagar	16.000
Duplicatas a receber	48.000		
Mercadorias	56.200		
Realizável a longo prazo	**1.800**	**Patrimônio líquido**	**100.000**
Adiantamento para futuro aumento de capital (Afac) – investida J	1.800	Capital social	90.000
		Reservas	10.000
Ativo permanente – investimentos	**9.000**		
Participação em controlada	9.000		
Total	**116.000**	**Total**	**116.000**

A partir do exposto, não considerar os créditos acarretaria uma proporção de \$ 9 mil ÷ \$ 100 mil e teríamos somente 0,09, ou seja, 9%, neste caso, inferior a 10%, que é o percentual necessário para que o investimento seja relevante.

Ao adicionarmos os créditos teremos \$ 10.800/\$ 100 mil, que será igual a 0,108, ou seja, 10,8%, superior aos 10% necessários para que o investimento torne-se relevante, de acordo com o art. 4º, §2º, da Instrução CVM nº 247/96.

Redução do valor contábil do investimento na coligada

Deixando o investimento de ser relevante, a avaliação continuará a ser feita pela equivalência patrimonial. Caso a redução não seja considerada de caráter permanente, todos os seus reflexos devem ser evidenciados, individualmente, em nota explicativa, de acordo com o art. 8º da Instrução CVM nº 247/96.

Procedimento para o reconhecimento do resultado da equivalência patrimonial

O procedimento é apresentado mediante o seguinte exemplo hipotético: a ORA participa com 80% das ações da IDA. Em 31-12-20X5, o ativo permanente, subgrupo investimento, da ORA e o patrimônio líquido da IDA apresentavam os valores expostos nas tabelas 7 e 8.

Tabela 7

BALANÇO PATRIMONIAL DA INVESTIDORA ORA

Ativo circulante		Patrimônio líquido	
Participação IDA	80.000	Capital social	80.000
Total do ativo	80.000	Total do passivo + PL	80.000

Tabela 8

BALANÇO PATRIMONIAL DA INVESTIDA IDA

Ativo circulante		Patrimônio líquido	
Disponibilidades	100.000	Capital social	100.000
Total do ativo	100.000	Total do passivo + PL	100.000

No exercício de 20X6 a IDA apurou lucro de $ 40 mil. Em decorrência disso seu patrimônio líquido passou a ser de $ 140 mil, como mostra a tabela 9.

Tabela 9

BALANÇO PATRIMONIAL DA INVESTIDA IDA EM 20X6

Ativo circulante		Patrimônio líquido	
Disponibilidades	140.000	Capital social	100.000
		Lucros acumulados	40.000
Total do ativo	140.000	Total do passivo + PL	140.000

Obs.: Para simplificar, consideramos que todas as receitas e todas as despesas relacionadas ao lucro de $40 mil transitaram pelo caixa.

A alteração sofrida no PL da IDA deverá ser reconhecida pela ORA, na proporção de sua participação, de forma tal que o resultado da investida passe a compor o resultado da investidora. Contabilmente, a investidora procederá ao seguinte lançamento:

Débito	Participação na IDA	32.000
Crédito	Receita de equivalência patrimonial	32.000

Verificaremos a posição do ativo permanente, subgrupo investimentos, conta participação na IDA após o reconhecimento da equivalência patrimonial pela ORA (tabela 10).

Tabela 10

BALANÇO PATRIMONIAL DA INVESTIDORA ORA

Ativo permanente		Patrimônio líquido	
Participação IDA	112.000	Capital social	80.000
		Lucros acumulados	32.000
Total do ativo	112.000	Total do passivo + PL	112.000

Analisando o novo valor da participação societária reconhecido por ORA ($ 112 mil), percebemos que corresponde exatamente a 80% do patrimônio líquido da investida, que é de $ 140 mil. Afinal, uma participação societária de 80% no patrimônio líquido da IDA avaliado por $ 140 mil equivale a $ 112 mil.

Ademais, o resultado da equivalência patrimonial é apurado pela diferença entre os dois saldos do investimento em participação societária na IDA. O novo saldo é $ 112 mil, o saldo inicial era $ 80 mil, portanto a diferença de $ 32 mil corresponde à receita de equivalência patrimonial reconhecida pela ORA em seu resultado.

O resultado positivo de participação societária fará parte do resultado da investidora, proporcionando um incremento no mesmo em função do reconhecimento, pela investidora, do resultado que lhe cabe por sua participação na investida. Como podemos perceber, trata-se de uma questão econômica, pois a investidora reconhece no seu resultado a parte do resultado da investida que lhe pertence. O impacto na estrutura financeira da investidora acontecerá quando a investida resolver distribuir todo o resultado, ou parte dele, como dividendos.

Suponhamos, agora, que a investida decidisse distribuir 50% do seu resultado:

Analisando primeiramente a situação da investida, temos que esta distribuirá $ 20 mil ($ 40 mil × 50%).

Contabilmente teremos na investida:

Débito	Lucros acumulados – PL	20.000
Crédito	Dividendos a distribuir – PC	20.000

O impacto na estrutura patrimonial da investida será conforme a tabela 11.

Tabela 11

BALANÇO PATRIMONIAL DA INVESTIDA IDA

Ativo circulante		Passivo circulante	
Disponibilidades	140.000	Dividendos a distribuir	20.000
		Patrimônio líquido	
		Capital social	100.000
		Lucros acumulados	20.000
Total do ativo	140.000	Total do passivo + PL	140.000

Analisando agora a situação da investidora, temos:

Débito	Dividendos a receber – AC	16.000
Crédito	Participação na IDA – AP	16.000

Este valor corresponde à parte que cabe à investidora, ou seja, 80% dos dividendos distribuídos por IDA, que foi de $ 20 mil, já que a participação de ORA é de 80% do patrimônio da investida conforme a tabela 12.

Tabela 12

BALANÇO PATRIMONIAL DA INVESTIDORA ORA

Ativo circulante		Patrimônio líquido	
Dividendos a receber	16.000	Capital social	80.000
Ativo permanente		Lucros acumulados	32.000
Participação IDA	96.000		
Total do ativo	112.000	Total do passivo + PL	112.000

Devemos observar que:

- o impacto não é econômico, e sim financeiro, pois o dividendo corresponde à parte distribuída do lucro;
- o reconhecimento do resultado aconteceu quando da apuração da equivalência patrimonial;

- o dividendo não corresponde à receita, e sim à realização parcial do investimento;
- o dividendo proposto pela investida proporcionará uma redução na conta de participação societária da entidade investidora, fazendo com que ele passe a representar os 80% do patrimônio líquido atual da investida.

Os efeitos para mais ou para menos no patrimônio líquido da investida deverão, na proporção que cabe à investidora, ajustar o valor da conta de participação societária de modo a manter seu percentual de participação.

O aumento ou a diminuição no valor do investimento da investidora em decorrência das mutações sofridas pelo patrimônio líquido da investida poderão se dar pelas seguintes condições:

- lucro ou prejuízo que a investida tenha apurado. Nesse caso, a investidora registrará tais efeitos como resultado operacional positivo ou negativo da equivalência patrimonial;
- reserva de capital constituída pela investida. Nesse caso, tal fato será registrado pela investidora como resultado positivo na equivalência patrimonial em função de o aumento do patrimônio líquido da investida decorrer de ganho efetivo;[8]
- ajuste de exercícios anteriores, devendo a diferença positiva ou negativa ser reconhecida como receita ou despesa operacional pela investidora;
- reserva de reavaliação constituída pela investida. Nesse caso, a diferença positiva deverá ser registrada pela investidora como reserva de reavaliação de bens de coligadas e controladas avaliada pela equivalência patrimonial (reserva de

---

[8] Exceto quando se tratar de benefícios fiscais que, de acordo com o item 20.2.3 do Ofício-Circular CVM/SNC/SEP nº 01/2007, serão tratados pela ORA diretamente no PL, sem transitar por resultado.

reavaliação reflexa) — este tema será abordado em detalhes no capítulo 5 deste livro;

- variação no percentual de participação da investidora em função da alteração no capital social da investida, devendo a diferença ser reconhecida como resultado não-operacional pela investidora — este tema será abordado em detalhes no capítulo 6.

Evidências de descontinuidade da coligada ou controlada

Não sendo mais assegurada a continuidade das atividades da entidade investida (coligada ou controlada), a avaliação do investimento não poderá ser feita pelo método da equivalência patrimonial. De acordo com o parágrafo único do art. 8º da Instrução CVM nº 247/96, o investimento deverá deixar de ser avaliado pelo método da equivalência patrimonial caso haja efetiva e clara evidência de perda de continuidade de suas operações, ou no caso em que estas estejam operando sob severas restrições a longo prazo que prejudiquem significativamente a sua capacidade de transferir recurso para a investidora. Nesta hipótese, as reservas de reavaliação de bens das coligadas e controladas envolvidas devem ser revertidas pela investidora, em contrapartida, ao respectivo valor contábil do investimento.[9]

Evidências de realização do investimento

De acordo com o art. 7º da Instrução CVM nº 247/96, o investimento em sociedades coligada e controlada, cuja venda por parte da investidora, em futuro próximo, tenha efetiva e clara evidência de realização, continuará sendo avaliado pelo MEP até a data-base considerada para venda.

---

[9] O tema reserva de reavaliação é tratado no capítulo 5 deste livro.

Ágio e deságio na participação societária

A diferença entre o valor do investimento realizado pela investidora em relação à equivalência patrimonial poderá ser positiva ou negativa. Se for positiva teremos o ágio; se negativa, o deságio — conforme o inciso II do art. 13 da Instrução CVM nº 247/96.

Contabilmente, em relação à aquisição e com deságio, procederemos como nas tabelas 13 e 14.

Tabela 13

Contabilidade em relação à aquisição com ágio

Débito	Participações societárias (MEP)	$
Débito	Ágio em investimentos avaliados pelo MEP	$
Crédito	Disponível	$

Tabela 14

Contabilidade em relação à aquisição com deságio

Débito	Participações societárias (MEP)	$
Crédito	Disponível	$
Crédito	Deságio em investimentos avaliados pelo MEP	$

O valor do ágio ou deságio deve ser registrado em subcontas distintas do custo de aquisição do investimento, assim como deverá ser contabilizado com indicação do fundamento econômico que o determinou.

Fundamentos econômicos do ágio e do deságio

De acordo com o art. 14 da Instrução CVM nº 247/96 e com a Instrução CVM nº 285/98, o ágio e o deságio deverão ter como fundamentos econômicos:

- o valor de mercado de bens do ativo da coligada ou controlada superior ou inferior ao custo registrado na sua contabilidade;

- o valor de rentabilidade da coligada ou controlada, com base em previsão dos resultados nos exercícios futuros;
- o direito de concessão de serviços públicos.

O ágio e o deságio serão amortizados, transferidos para o resultado, em função de:

- realização do bem (mediante baixa por alienação ou depreciação) que deu origem ao ágio ou deságio;
- realização dos resultados futuros esperados ou pelo decurso do tempo;
- decurso do tempo do direito de concessão de serviços públicos.

Quando o ágio não for justificado por esses fundamentos, deve ser amortizado imediatamente com perda, reduzindo o resultado da investidora.

Quando o deságio não for justificado por esses fundamentos, deve ser mantido em conta retificadora do ativo permanente investimentos participações societárias. Entretanto a sua amortização somente poderá ser contabilizada em caso de baixa por alienação ou perecimento do investimento.

Na amortização do ágio teremos:

Débito	Despesas com amortização de ágio (influenciará o resultado operacional)	\$
Crédito	Amortização acumulada de ágio em participações societárias – conta retificadora do AP investimentos	\$

Na amortização do deságio teremos:

Débito	Amortização acumulada de deságio em participações societárias – conta do AP investimentos	\$
Crédito	Receita de amortização de deságio (operacional)	\$

Evidenciação do custo da participação societária em coligadas e controladas avaliadas pelo MEP

Quando da avaliação pelo método da equivalência patrimonial, o custo de aquisição deverá ser desmembrado em:

- valor do patrimônio líquido proporcional à participação societária na época de aquisição — valor apurado pela equivalência patrimonial;
- ágio ou deságio na equivalência, que é a diferença entre o custo de aquisição do investimento e o valor da equivalência patrimonial.

Considerações finais

Este capítulo é a espinha dorsal da matéria contabilidade dos investimentos em participações societárias. Sugere-se, pois, que o leitor não avance na leitura deste livro sem antes entender quando é necessário avaliar determinado investimento pelo MEP. Afinal, os próximos capítulos são todos relacionados, direta ou indiretamente, à equivalência patrimonial. Portanto, repita-se, o entendimento do conteúdo deste capítulo é condição *sine qua non* à compreensão dos capítulos que seguem.

Vimos, neste capítulo, que o MEP consiste em avaliar as participações societárias pelo produto entre o percentual de participação societária e o valor do patrimônio líquido da investida, ou seja, uma participação societária de x% *equivale* a $ Y do *patrimônio* líquido da investida.

Vimos também que esse critério é uma exceção que só se aplica aos investimentos permanentes em entidades controladas e aos investimentos permanentes e relevantes em entidades coligadas (e equiparadas) nas quais a investidora tenha influência.

Estudamos, ainda, os casos nos quais a adoção do MEP deixa de ser obrigatória e alguns casos peculiares, como o ágio e o deságio, investimentos em entidades em descontinuidade, e a realização (venda) de investimentos.

3

Fundamentos da consolidação

A finalidade deste capítulo é evidenciar a importância das demonstrações contábeis consolidadas como instrumento de tomada de decisões para os diversos usuários, assim como destacar a estrutura macro da companhia, enfocando de maneira clara a participação dos acionistas não controladores na estrutura do balanço patrimonial consolidado e na estrutura da demonstração do resultado do exercício consolidada.

Objetivos e considerações legais

A consolidação tem por finalidade gerar informações que possam apresentar ao conjunto dos usuários das demonstrações contábeis da entidade controladora condições de avaliar a posição do resultado das operações e das mutações na posição financeira e econômica do grupo, já que a primordial obrigação de um empreendimento com fins lucrativos é gerar lucros adequados e compatíveis com os investimentos feitos pelos investidores. Este objetivo será alcançado por meio da elaboração das demonstrações contábeis consolidadas.

Cada empresa possui personalidade própria, sendo juridicamente independente uma da outra. A inclusão de sociedades entre as que deverão ser consideradas para compor a elaboração das demonstrações consolidadas deverá atender a normas e legislações específicas. Tal procedimento está em conformidade com as determinações dos princípios fundamentais de contabilidade.

A Lei das Sociedades por Ações, Lei nº 6.404/76, determina, em seu art. 249, que a entidade aberta que tiver mais de 30% do seu patrimônio líquido representado por investimentos em empresas controladas deve elaborar e divulgar, juntamente com suas demonstrações contábeis, as demonstrações consolidadas. A mesma lei, em seu art. 275, determina que o grupo de sociedades deve publicar, além das demonstrações contábeis referentes a cada uma das companhias que o compõem, demonstrações consolidadas, compreendendo todas as sociedades do grupo.

A Instrução CVM nº 247/96 determina que a elaboração das demonstrações contábeis consolidadas seja obrigatória para todas as sociedades abertas, independentemente da representatividade do investimento em relação ao patrimônio líquido da controladora, ficando, portanto, eliminada a condição de 30% determinada no art. 249 da Lei nº 6.404/76. É também obrigatória a consolidação proporcional no caso de investimento em sociedade controlada em conjunto, de acordo com art. 21, inciso I, da Instrução CVM nº 247/96.

Sociedades controladas em conjunto são aquelas em que nenhum acionista exerce, individualmente, os poderes de eleger a maioria dos administradores ou de destituí-los e não mantêm sozinhas a preponderância nas deliberações sociais.

O art. 243, §2º, da Lei nº 6.404/76 e a Instrução CVM nº 247/96, art. 3º, inciso I, alíneas *a* e *b*, definem:

> Considera-se controlada a sociedade na qual a controladora, diretamente ou através de outras controladas, é titular de direitos de sócio que lhe assegurem, de modo permanente, preponderância nas deliberações sociais e o poder de eleger a maioria dos administradores.

Portanto o controle efetivo independe do percentual de participação no capital social da IDA. Entretanto precisamos levar em consideração algumas condições. A questão de que as entidades do grupo tenham atividades semelhantes, supletivas ou auxiliares para a elaboração das demonstrações contábeis não deverá ser levada em consideração, pois o art. 23, §3º, da Instrução CVM nº 247/96 assim determina: "Não devem ser excluídas da consolidação controladas cujas operações sejam de natureza diversa das operações da controladora ou das diversas controladas".

O encerramento do exercício social deverá acontecer na mesma data, ou em datas próximas. O art. 24 combinado com o art. 10, ambos da Instrução CVM nº 247, estabelece que:

- as demonstrações contábeis das controladas devem ser levantadas na mesma data ou no máximo em até 60 dias da data das demonstrações contábeis da controladora;
- o período de abrangência das demonstrações contábeis das coligadas e controladas deverá ser idêntico ao da investidora, independentemente das respectivas datas de encerramento;
- admite-se a utilização de períodos não-idênticos nos casos em que esse fato representar melhoria na qualidade da informação produzida, sendo a mudança evidenciada em notas explicativas.

Deverá ocorrer uma uniformidade de critérios e princípios contábeis em relação às entidades objetos da consolidação. Assim, o consolidado retratará a realidade dos fatos do grupo como um todo. Há necessidade de avaliar a posição individual das controladas. O art. 23, incisos I e II, com redação dada pela Instrução CVM nº 247/96, estabelece a possibilidade de excluir, mediante prévia autorização da CVM, as sociedades controladas que:

- apresentem efetivas e claras evidências de perda de continuidade e cujo patrimônio seja avaliado, ou não, a valores de liquidação;
- cuja venda por parte da investidora, em futuro próximo, tenha efetiva e clara evidência de realização devidamente formalizada.

O §2º desse artigo determina que o investimento na entidade excluída da consolidação deverá ser avaliado pelo método da equivalência patrimonial.

Tendo-se entendido o propósito e a obrigatoriedade de divulgação das demonstrações contábeis consolidadas, vejamos as técnicas de sua elaboração.

Técnicas para consolidação

É necessária a existência de controles para acompanhar todos os tipos de transações contábeis e extracontábeis entre as empresas do grupo, a fim de se analisar e eliminar todas as questões comuns, como, por exemplo, possuir controles das transações entre investidoras e investidas, dos saldos intercompanhias, fazer a conciliação contínua das contas intercompanhias e o ajuste no momento da consolidação, manter plano de contas padronizado e procedimentos comuns de contabilização. Tais procedimentos facilitarão o estudo a ser desenvolvido no papel de trabalho que será montado para relacionar, lado a lado, todos os elementos patrimoniais e de resultado das empresas do grupo.

Modelo de papel de trabalho para consolidação

Componentes	Empresas			Somatório	Ajustes		Consolidado
	1	2	3		D	C	

Na coluna de ajustes, o objetivo é eliminar todas as transações comuns entre ORA e IDAs, por exemplo:

- participações recíprocas;
- saldos entre controladora e controladas;
- lucros nao-realizados de transações entre controladora e controladas que constem no resultado do exercício ou nos resultados acumulados;
- lucros ou prejuízos acumulados;
- custos dos estoques ou do ativo permanente.

Aqui apresentaremos situações que evidenciam os procedimentos para a consolidação mediante dois casos distintos.

Caso 1 — Participação societária igual a 100%

Vejamos, na tabela 15, a organização do papel de trabalho utilizado na consolidação dos balanços patrimoniais da investidora e da investida (controlada).

Ao analisarmos o papel de trabalho, observamos que a coluna do somatório não corresponde à do consolidado. Será necessário verificar todos os componentes e destacar aqueles que são comuns entre investidora e investida a fim de, por meio de lançamentos de ajustes, eliminar a reciprocidade entre as companhias.

Tabela 15

ESTRUTURA DO BALANÇO PATRIMONIAL DA INVESTIDORA E DA INVESTIDA (CASO 1)

Componentes	ORA	IDA	Somatório	Ajuste		Consolidado
				D	C	
Ativo						
Ativo circulante	4.130	960	5.090	–	–	5.090
Ativo realizável a longo prazo						
Adiantamento para futuro aumento de capital (Afac) IDA	300	–	300		300(a)	–
Ativo permanente						
Investimentos						
Part. soc. em IDA	1.150	–	1.150		1.150(b)	–
Imobilizado						
Máq./Equip.	2.100	570	2.670			2.670
Total	**7.680**	**1.530**	**9.210**	**–**	**1.450**	**7.760**
Passivo circulante						
Fornecedores	1.360	80	1.440			1.440
Empr. obtido de ORA	–	300	300	300(a)	–	–
Patrimônio líquido						
Capital social	5.800	1.000	6.800	1.000(b)	–	5.800
Reservas	520	150	670	150(b)	–	520
Total	**7.680**	**1.530**	**9.210**	**1.450**		**7.760**

Observamos, nas demonstrações, que a investidora é titular de créditos (adiantamento para futuro aumento de capital social — Afac) em relação à investida no valor de $ 300, e a investida é portadora de débitos em relação à investidora, o que caracteriza uma relação comum. Percebemos também que a investida é uma subsidiária integral. Afinal, a investidora é titular de 100% da investida; conseqüentemente, a Cia. ORA (investidora) tem participação em IDA avaliada em $ 1.150, que corresponde a 100% do patrimônio líquido de IDA, que é de $ 1.150.

Analisando a coluna dos ajustes, temos os lançamentos que se seguem.

Para eliminar créditos e débitos recíprocos:

Débito (a)	Empréstimos obtidos de ORA (no balanço de IDA)	300
Crédito (a)	AFAC em IDA (no balanço de ORA)	300

Para eliminar a participação da investidora no capital da investida:

Débito (b)	Capital social (no balanço de IDA)	1.000
Débito (b)	Reservas (no balanço de IDA)	150
Crédito (b)	Participação societária em IDA (no balanço de ORA)	1.150

Na demonstração consolidada (tabela 16), verificamos que o patrimônio líquido corresponde exatamente ao patrimônio líquido da investidora.

Tabela 16

Balanço patrimonial consolidado (caso 1)

Ativo	Consolidado
Ativo circulante	5.090
Ativo realizável a longo prazo	
Afac em IDA	–
Ativo permanente	
Investimento	
Part. soc. em IDA	–
Imobilizado	
Máq./Equip.	2.670
Total	**7.760**
Passivo + Patrimônio líquido	
Passivo circulante	
Fornecedores	1.440
Empréstimos obtidos de ORA	–
Patrimônio líquido	
Capital social	5.800
Reservas	520
Total	**7.760**

Caso 2 – Participação societária menor que 100%

Considerando o caso 1, suponhamos que a investidora detenha 90% da investida IDA e os 10% restantes pertençam a outros investidores. Levando-se em conta a redução do investimento em IDA, ocorreu um aumento no ativo circulante de ORA. Diante dos fatos teremos a estrutura patrimonial apresentada na tabela 17.

Tabela 17

ESTRUTURA DO BALANÇO PATRIMONIAL DA INVESTIDORA E DA INVESTIDA (CASO 2)

Componentes	ORA	IDA	Somatório	Ajuste D	Ajuste C	Consolidado
Ativo circulante	4.245	960	5.205	–	–	5.205
Ativo realizável a longo prazo						
Afac IDA	300	–	300		300 (a)	–
AP						
investimento						
Part. soc. em IDA	1.035	–	1.035		1.035 (b)	–
Imobilizado						
Máq./Equip.	2.100	570	2.670			2.670
Total	**7.680**	**1.530**	**9.210**	–	**1.335**	**7.875**
Passivo circulante						
Fornecedores	1.360	80	1.440			1.440
Empr. obtido de ORA	–	300	300	300 (a)	–	–
Partic. de acionistas não-controladores					115 (c)	115
Patrimônio líquido						
Capital social	5.800	1.000	6.800	100 (c) 900 (b)	–	5.800
Reservas	520	150	670	15 (c) 135 (b)	–	520
Total	**7.680**	**1.530**	**9.210**	**1.450**	**115**	**7.875**

Analisando a coluna dos ajustes, temos os seguintes lançamentos que se seguem.

Para eliminar débitos e créditos recíprocos:

Débito (a)	Empréstimos obtidos de ORA (no balanço de IDA)	300
Crédito (a)	Afac em IDA (no balanço de ORA)	300

Para eliminar a participação da investidora no capital da investida:

Débito (b)	Capital social (no balanço de IDA)	900
Débito (b)	Reservas (no balanço de IDA)	135
Crédito (b)	Participação societária em IDA (no balanço de ORA)	1.035

Para eliminar o patrimônio e constituir a participação dos acionistas não-controladores:

Débito (c)	Capital social (no balanço de IDA)	100
Débito (c)	Reservas (no balanço de IDA)	15
Crédito (c)	Participação de acionistas não-controladores (no balanço consolidado)	115

Na demonstração consolidada, a participação dos acionistas não-controladores será representada em uma linha acima do patrimônio líquido. Desta forma, o patrimônio líquido consolidado demonstrará o valor que realmente pertence aos acionistas da controladora.

Tabela 18

BALANÇO PATRIMONIAL CONSOLIDADO (CASO 2)

Ativo	Consolidado
Ativo circulante	5.205
Ativo realizável a longo prazo	
Afac em IDA	–
Ativo permanente	
Investimento	
Participação societária em IDA	–
Imobilizado	
Máq./Equip.	2.670
Total	**7.875**
Passivo + Patrimônio líquido	
Passivo circulante	
Fornecedores	1.440
Empréstimo obtido de ORA	–
Participação dos acionistas não-controladores	115
Patrimônio líquido	
Capital social	5.800
Reservas	520
Total	**7.875**

Se a controladora não for detentora da maioria das ações, não é majoritária; mesmo assim o tratamento a ser adotado será o mesmo, desde que a controladora detenha o controle efetivo. A parcela do patrimônio líquido da controlada pertencente a esses acionistas majoritários não-controladores terá o mesmo tratamento apresentado nesta seção; daí porque o nome adequado é "participação dos acionistas não-controladores", embora alguns autores e algumas empresas denominem "participação de minoritários".

Você deve estar se perguntando: "Como poderia uma empresa (investidora — ORA) deter o controle efetivo de outra empresa (investida — IDA) sem ser a acionista majoritária?" É simples: imagine que o capital social da empresa IDA seja composto por 100 ações, sendo 50 com direito a voto e 50 sem direito a ele, e que a investidora seja titular de somente 30 ações com direito a voto. Nesse caso, a empresa ORA tem uma participação total de 30% do patrimônio líquido de IDA, mas a controla efetivamente, pois, com 30 das 50 ações com direito a voto, detém 60% do capital votante, o que, muito provavelmente, assegura-lhe a preponderância nas deliberações sociais e o poder de eleger a maioria dos administradores da investida (IDA). Portanto não seria adequado denominar a participação dos acionistas não-controladores de participação de minoritários, afinal eles têm 70% de participação em IDA.

Percebe-se que, mesmo sendo a participação da investidora no capital social da investida menor que 100%, o patrimônio líquido da controladora e o patrimônio líquido consolidado permanecem avaliados pelo mesmo montante (capital social \$ 5.800 + reservas \$ 520 = \$ 6.320), conforme demonstrado na tabela 18.

Esses dois casos demonstraram a consolidação do balanço patrimonial. Acontece que é necessário consolidar, ainda, a demonstração do resultado do exercício (DRE) e a demonstração das origens e aplicações de recursos (Doar).

A consolidação da DRE será demonstrada no próximo capítulo, quando apresentarmos os lucros não-realizados.

Com relação à demonstração das mutações do patrimonial líquido (DMPL), via de regra como não há diferença entre o patrimônio líquido da controladora e do consolidado, portanto somente é publicada a DMPL da controladora. Exceções a essa coincidência são apresentadas mais adiante neste capítulo. Caso haja divergência entre o PL da controladora e o PL consolidado, basta evidenciar, em notas explicativas, a conciliação entre tais valores. Já a consolidação da Doar é comentada a seguir.

Consolidação da demonstração das origens e aplicações de recursos (Doar)

A Doar deve ser elaborada tomando-se como base todos os movimentos a partir dos saldos iniciais e finais do balanço patrimonial consolidado. As suas elaboração e publicação são obrigatórias.

Para se elaborar a consolidação da Doar é necessário que as empresas tenham um controle analítico de todas as transações intercompanhias para que haja as devidas eliminações das transações apresentadas por esta demonstração.

Vamos considerar que as companhias ORA e IDA, pertencentes ao mesmo grupo, realizaram duas transações intercompanhias que afetam a Doar:

- integralização de capital social da companhia IDA por $ 200 feita pela ORA;
- empréstimos concedidos pela companhia IDA à ORA no valor de $ 40.

Conforme podemos observar na Doar consolidada (tabela 21), serão eliminadas as duas transações entre as companhias ORA e IDA.

Tabela 19

CONSOLIDAÇÃO DA DOAR (PAPEL DE TRABALHO 1)

Ativo	BP consolidado 20t5	BP consolidado 20t6	Variação
Ativo circulante	3.000	4.020	+ 1.020
Ativo realizável L/P	1.500	1.450	–50
Ativo permanente			
Investimentos	130	330	+ 200
Imobilizado	1.400	1.370	–30
Total	6.030	7.170	+ 1.140
Passivo			
Passivo circulante	1.800	2.000	+ 200
Passivo exigível L/P	150	90	–60
Patrimônio líquido			
Capital	4.000	4.000	
L/P acumulado	80	1.080	+ 1.000
Total	6.030	7.170	–1.140

Tabela 20

CONSOLIDAÇÃO DA DOAR (PAPEL DE TRABALHO 2)

Demonstração de resultado do exercício consolidada		20t6
Receita operacional bruta		12.000
(–) Deduções		(2.718)
(=) Receita operacional líquida		9.282
(–) Custo das mercadorias vendidas		(5.569)
(=) Lucro bruto		3.712
(–) Despesas operacionais		(2.712)
Outras despesas	2.682	
Depreciação	30	
(=) Lucro líquido do exercício		1.000

Verificamos que a Doar é estruturada de forma que as origens menos as aplicações sejam iguais à variação do capital circulante líquido.

Tabela 21

DEMONSTRAÇÃO DAS ORIGENS E APLICAÇÕES DE RECURSOS CONSOLIDADA

Origens dos recursos			
Das operações			
Lucro líquido do exercício	1.000		
(+) Depreciação	30		
De terceiros			
Redução do ativo realizável a L/P	50		
Total das origens	**1.080**		
Aplicações de recursos			
Aumento do investimento	200		
Redução do exigível a L/P	60		
Total das aplicações	**260**		
(=) Capital circulante líquido	**820**		
Composição do capital circulante líquido			
	20t5	20t6	Variação
Ativo circulante	3.000	4.020	1.020
Passivo circulante	1.800	2.000	200
Capital circulante líquido (CCL)	1.200	2.020	820

Divulgação em notas explicativas

Segundo a Lei nº 6.404/76, em seu art. 249, as companhias obrigadas a preparar demonstrações financeiras consolidadas deverão "elaborar e divulgar, juntamente com suas demonstrações financeiras, demonstrações consolidadas", ao passo que a Instrução CVM nº 247/96 estabelece que as demonstrações financeiras consolidadas (balanço patrimonial consolidado, demonstração do resultado do exercício consolidada, demonstração das origens e aplicações de recursos consolidada, notas explicativas e outros quadros analíticos) sejam:

- divulgadas;
- incluídas nos valores correspondentes ao exercício anterior;
- auditadas por auditores independentes devidamente registrados na CVM;

- divulgadas juntamente com as demonstrações contábeis da controladora.

O art. 31 dessa instrução estabelece que as notas explicativas devem divulgar:

- critérios adotados na consolidação;
- denominação das sociedades controladas incluídas na consolidação, bem como o percentual de participação da controladora em cada sociedade controlada, englobando participações direta e indireta através de outras sociedades controladas;
- exposição das razões que determinam a exclusão de sociedades controladas na elaboração das demonstrações financeiras consolidadas;
- base e fundamento para a amortização do ágio ou deságio não-absorvido na consolidação;
- eventos subseqüentes à data de encerramento do exercício social que tenham, ou possam vir a ter, efeitos relevantes sobre a situação financeira e os resultados futuros consolidados;
- eventos que ocasionaram qualquer diferença entre o montante do patrimônio líquido e o lucro líquido da controladora, em confronto com os correspondentes montantes do patrimônio líquido e do lucro líquido consolidado apresentados nas demonstrações contábeis consolidadas.

Casos em que não há coincidência entre o PL e o LL de controladora e consolidados

Em todos os exemplos apresentados neste capítulo há coincidência entre o patrimônio líquido da controladora e o patrimônio líquido consolidado. Entretanto é necessário ressaltar os casos nos quais não há coincidência entre o lucro líquido (LL) e/ou o PL da controladora com o consolidado:

- quando há lucros não-realizados de venda (ou prestação de serviços) da controladora para suas controladas. Isso não afeta o cálculo da equivalência patrimonial, mas afeta a DRE e o balanço patrimonial consolidado;
- quando a controlada apura passivo a descoberto e a controladora se limita a reconhecer a despesa de equivalência patrimonial até zerar o valor do respectivo investimento, ou seja, a controladora não reconhece a provisão para passivo a descoberto;
- quando a controlada reconhece aumentos patrimoniais como doações e subvenções e incentivos fiscais diretamente no PL (reserva de capital), sem transitar por resultado. No entanto, a fim de privilegiar o conceito da essência sobre a forma, bem como para eliminar a necessidade de conciliação, a CVM (no Ofício-Circular CVM/SNC/SEP nº 01/2007, item 20.2.3) recomenda alternativamente que a DRE e o BP consolidados sejam ajustados para se evidenciar a doação/subvenção recebida pela IDA, também, como reserva de capital na ORA (sem transitar por resultado), e não mais como resultado da equivalência patrimonial.

Ressalte-se que essa lista não é exaustiva, mas exemplificativa das causas mais recorrentes de diferenças entre os valores do lucro líquido e/ou do patrimônio líquido da controladora em relação ao do consolidado.

Com relação aos lucros não-realizados, não apresentaremos qualquer exemplo agora, pois este é o tema do próximo capítulo.

Entretanto, para facilitar o entendimento dessas diferenças, vejamos os exemplos das duas últimas situações que partem de um mesmo caso. Digamos que a companhia ORA participe na companhia IDA com 90% de suas ações, cujo capital social é composto exclusivamente por ações ordinárias. Admitamos que as duas entidades apurem os balanços patrimoniais, conforme a tabela 22, em 1-1-20X0.

Tabela 22
Balanços patrimoniais em 1-1-20X0

Discriminação	ORA	IDA	Consolidado
Disponibilidades	100		110
Estoque	50	–	50
AC	**150**	**10**	**160**
Terrenos	–	40	40
Participação soc. em IDA	45	–	–
AP	**45**	**40**	**40**
Ativo	**195**	**50**	**200**
Part. acion. não-controladores	**–**	**–**	**5**
Capital social	195	50	195
PL	**195**	**50**	**195**
Passivo + PL	**195**	**50**	**200**

Exemplo de controlada com passivo a descoberto, sem que a controladora reconheça a provisão

Durante o ano de 20X0, a Cia. ORA realizou transações exclusivamente com terceiros, auferindo receitas no valor de $ 80 e despesas no valor de $ 20. Durante o mesmo período, a Cia. IDA também só realizou transações com terceiros, auferindo receitas no valor de $ 10 e incorrendo em despesas no valor de $ 100.

Conseqüentemente, as seguintes demonstrações do resultado do exercício foram apuradas, em 31-12-20X0, conforme tabela 23.

Tabela 23

DEMONSTRAÇÕES DO RESULTADO DO EXERCÍCIO APURADAS 31-12-20X0 (PASSIVO A DESCOBERTO)

Discriminação	ORA	IDA	Consolidado
Receita de vendas e serviços	80	10	90
(–) CMV	–	–	–
(–) Despesas	(20)	(100)	(120)
(–) Desp. de equiv. patrimonial	(45)	–	–
(+) Part. acion. não-controladores	–	–	9
Lucro (prejuízo)	**15**	**(90)**	

Sobre o cálculo da equivalência patrimonial de investidas com passivo a descoberto, o tratamento mais difundido é o reconhecimento da despesa de equivalência patrimonial até zerar o valor do respectivo investimento. Excepcionalmente, se a investidora se responsabilizar pela continuidade das atividades operacionais de sua investida, deverá reconhecer a provisão para perda (provisão para passivo a descoberto), no passivo — conforme o art. 12 da Instrução CVM nº 247/96.

Considerando que a Cia. ORA não se responsabiliza pelas dívidas de sua controlada, a Cia. IDA, não há necessidade de reconhecer a provisão para perda, bastando, portanto, reconhecer a despesa de equivalência patrimonial no valor de $ 45 para zerar o saldo do investimento.

Então, os balanços patrimoniais da tabela 24 foram apurados em 31-12-20X0.

Por este exemplo numérico pode-se perceber que, se a controladora não reconhecer provisão para passivo a descoberto relativamente às controladas com patrimônio líquido negativo (passivo a descoberto), haverá diferenças no lucro líquido e no patrimônio líquido consolidado em relação aos valores apresentados pela controladora.

Tabela 24

BALANÇOS PATRIMONIAIS APURADOS EM 31-12-20X0 (PASSIVO A DESCOBERTO)

Discriminação	ORA	IDA	Consolidado
Disponibilidades	160	20	180
Estoque	50	–	50
AC	**210**	**20**	**230**
Terrenos	–	40	40
Participação soc. em IDA	–	–	–
AP	**–**	**40**	**40**
Ativo	**210**	**60**	**270**
Contas a pagar	–	100	100
PC	**–**	**100**	**100**
Part. acion. não-controladores	–	–	(4)
Capital social	195	50	195
Lucros (prejuízos) acumulados	15	(90)	(21)
PL	**210**	**(40)**	**174**
Passivo + PL	**210**	**60**	**270**

Caso a ORA tenha responsabilidade formal ou operacional pelo passivo a descoberto da IDA, deverá constituir provisão para perda no passivo (art. 12 da Instrução CVM nº 247/96). Dessa forma, o exemplo apresentado ficaria como na tabela 25.

Tabela 25

BALANÇO PATRIMONIAL

Discriminação	ORA	IDA	Consolidado
Disponibilidades	160	20	180
Estoque	50	–	50
Ativo circulante	**210**	**20**	**230**
Terrenos	–	40	40
Participação societária em IDA	–	–	–
Ativo permanente	**–**	**40**	**40**
Ativo total	**210**	**60**	**270**
Contas a pagar	–	100	100
Provisão para perdas	40	–	–
Passivo circulante	**40**	**100**	**100**
Partic. acion. não-controladores	**–**	**–**	**–**
Capital social	195	50	195
L/P acumulado	(25)	(90)	(25)
Total patrimônio líquido	**170**	**(40)**	**170**
Passivo total	**210**	**60**	**270**

Tabela 26

DEMONSTRAÇÃO DO RESULTADO DO EXERCÍCIO

Discriminação	ORA	IDA	Consolidado
Receita de vendas e serviços	80	10	90
Custos mercadorias vendidas	–	–	–
Despesas operacionais	(20)	(100)	(120)
Resultado da equivalência patrimonial	(45)	–	–
Despesas de provisão para perdas	(40)	–	–
Partic. acion. não-controladores	**–**	**–**	**5**
Resultado (prejuízo)	**(25)**	**(90)**	**(25)**

Exemplo de controlada que tem aumento patrimonial decorrente de doações, subvenções para investimentos e incentivos fiscais, como contrapartida de reserva de capital

Durante o ano de 20X0, a Cia. ORA realizou transações exclusivamente com terceiros, auferindo receitas no valor de

$ 80 e despesas no valor de $ 20. Durante o mesmo período, a Cia. IDA também só realizou transações com terceiros, auferindo receitas no valor de $ 10 e recebeu em doação para investimento um novo terreno avaliado em $ 60. Conseqüentemente, as seguintes demonstrações do resultado do exercício foram apuradas, em 31-12-20X0 (tabela 27).

Tabela 27

DEMONSTRAÇÕES DO RESULTADO DO EXERCÍCIO APURADAS EM 31-12-20X0 (SUBVENÇÕES PARA INVESTIMENTOS)

Discriminação	ORA	IDA	Consolidado
Receita de vendas e serviços	80	10	90
(–) CMV	–	–	–
(–) Despesas	(20)	–	(20)
(+) Rec. de equiv. patrimonial	63	–	–
( ) Part. acion. não controladores			(1)
Lucro	**123**	**10**	**69**

Sobre o cálculo da receita de equivalência patrimonial, os $ 63 foram apurados mediante a aplicação da participação societária da ORA na Cia. IDA (90%) sobre o novo valor do patrimônio líquido da Cia. IDA ($ 120) — apurando-se o novo valor do ativo permanente investimentos ações da Cia. IDA ($ 108). Em seguida descontou-se o valor do saldo inicial da conta ativo permanente investimentos ações da Cia. IDA ($ 45), chegando-se, finalmente, ao valor da receita de equivalência patrimonial ($ 63).

Então, os balanços patrimoniais apresentados na tabela 28 foram apurados em 31-12-20X0.

Por este exemplo numérico pode-se perceber que, se a controlada receber doações para investimento (ou subvenções, ou incentivos fiscais) que acarretem um aumento patrimonial sem que isso transite por resultado (sem o reconhecimento de uma receita, mas diretamente no PL como reserva de capital), haverá diferença no valor do lucro líquido e na composição do patrimônio líquido consolidado em relação aos evidenciados pela controladora.

Tabela 28

BALANÇOS PATRIMONIAIS APURADOS EM 31-12-20X0 (SUBVENÇÕES PARA INVESTIMENTOS)

Discriminação	ORA	IDA	Consolidado
Disponibilidades	160	20	180
Estoque	50	–	50
AC	**210**	**20**	**230**
Terrenos	–	100	100
Participação soc. em IDA	108	–	–
AP	**108**	**100**	**100**
Ativo	**318**	**120**	**330**
Part. acion. não-controladores	**–**	**–**	**12**
Capital social	195	50	195
Reserva de capital	–	60	54
Lucros acumulados	123	10	69
PL	**318**	**120**	**318**
Passivo + PL	**318**	**120**	**330**

Considerações finais

Este capítulo é uma continuação do capítulo 2 deste livro.

Especificidades das demonstrações contábeis consolidadas são apresentadas nos próximos capítulos, como a existência de lucros não-realizados (capítulo 4) e a reserva de reavaliação reflexa (capítulo 5).

Em julho de 2007, a CVM emitiu a Instrução nº 457 alterando o critério de consolidação das demonstrações contábeis. Por essa nova instrução, as companhias abertas que tenham investimentos permanentes em controladas deverão adotar as normas internacionais de contabilidade (NIC) emitidas pelo International Accounting Standards Board (Iasb) ao elaborar as demonstrações contábeis consolidadas. Observe que o conceito de consolidação permanece o mesmo. Entretanto, antes de se consolidar será necessário ajustar as demonstrações contábeis da controladora e de suas controladas às NIC, para só então proceder à consolidação. A inovação trazida pela Instrução CVM nº 457/07 só deverá ser obrigatoriamente observada pelas companhias abertas a partir do exercício findo em 2010, entretanto a adoção antecipada é permitida pela CVM desde que a controladora evidencie em notas explicativas a conciliação entre os valores consolidados apurados em consonância com as NIC e os valores consolidados caso ainda adote os padrões contábeis brasileiros.

A finalidade do capítulo foi demonstrar que, a partir da estrutura das demonstrações consolidadas, é possível verificar a manutenção da representatividade do patrimônio líquido refletindo exatamente o patrimônio líquido e o lucro líquido da controladora no momento anterior à consolidação, espelhando dessa forma a posição do grupo em termos econômicos e financeiros. As exceções em que não ocorre essa coincidência também foram apresentadas neste capítulo (exceto o caso dos lucros não-realizados — objeto do próximo capítulo).

A consolidação evidencia a estrutura patrimonial e o resultado do conglomerado econômico, como se este fosse constituído por uma única entidade. Uma "macroentidade" contábil.

Além da consolidação do balanço patrimonial e da demonstração do resultado do exercício — as duas demonstrações contábeis mais difundidas —, demonstrou-se, ainda, neste capítulo a consolidação da Doar e foram apresentados comentários às notas explicativas.

4

Lucros não-realizados e transações entre partes relacionadas

Como vimos no capítulo 2, o saldo da conta de investimentos — participação societária —, contabilizado no ativo da investidora pelo método de equivalência patrimonial, deve representar a parcela do patrimônio líquido da investida possuída pela investidora, ou seja, o percentual de participação societária que a investidora detém no patrimônio líquido da investida. Portanto, por meio da equivalência patrimonial, a investidora registra, numa só linha do seu ativo, na conta investimentos, a sua participação no ativo líquido (patrimônio líquido) da investida, e também numa só linha do seu resultado, na conta resultado de equivalência patrimonial, a sua participação no lucro ou prejuízo da investida.

Este capítulo tem por finalidade evidenciar transações recorrentes entre investidoras e investidas que podem gerar lucros não-realizados (LNR).

Diante das incontáveis transações entre as partes relacionadas e da necessidade de criar condições para a tomada de decisão por parte dos interessados em conhecer as diversas modalidades de transações entre as partes, o Instituto dos Auditores Independentes do Brasil (Ibracon) emitiu o pronunciamento sobre transações entre partes relacionadas, o qual foi aprovado pela CVM na forma da Deliberação CVM nº 26, de 1986.

O que é lucro não-realizado?

De acordo com o disposto na Instrução CVM nº 247/96 e na Norma Brasileira de Contabilidade Técnica (NBC T) nº 8, emitida pelo Conselho Federal de Contabilidade (CFC), a seguir comentada, os resultados não-realizados, provenientes de negócios entre as entidades que formam a unidade de natureza econômico-contábil, somente se consideram realizados quando se originarem de negócios efetivos com terceiros. Logo, os LNRs entre investidora e investida, por formarem uma mesma unidade econômica, quando contabilizados pelo método de equivalência patrimonial, hão de ser eliminados.

Dada a importância do tema, revisaremos a seguir o conceito de lucro e sua realização.

A contabilidade nos ensina que a entidade apresenta lucro quando suas receitas excedem os custos e as despesas em um período determinado. Lucro, de acordo com as práticas contábeis adotadas no Brasil, representa lucro realizado. Como a receita constitui um componente crítico na formação do lucro, entendemos oportuno reproduzir parte da redação do pronunciamento da estrutura conceitual básica da contabilidade, emitido pelo Ibracon e aprovado pela Deliberação nº 29, de 5 de fevereiro de 1986, da CVM:

> 5.3 - O Princípio da Realização da Receita
> Enunciado: "A receita é considerada realizada e, portanto, passível de registro pela Contabilidade, quando produtos ou servi-

ços produzidos ou prestados pela Entidade são transferidos para outra Entidade ou pessoa física com a anuência destas e mediante pagamento ou compromisso de pagamento especificado perante a Entidade produtora [...]".

Considera-se que o princípio da realização de receita escolhe como ponto normal de reconhecimento e registro da receita nos livros da empresa aquele em que produtos ou serviços são transferidos ao cliente. Este ponto é praticamente coincidente, muitas vezes, com o momento da venda. A contabilidade assim o faz porque:

- a transferência do bem ou serviço normalmente se concretiza quando todo, ou praticamente todo, o esforço para obter a receita já foi desenvolvido;
- nesse ponto configura-se com mais objetividade e exatidão o valor de mercado (de transação) para a transferência;
- nesse ponto já se conhecem todos os custos de produção do produto ou serviço transferido e outras despesas ou deduções da receita diretamente associáveis ao produto ou serviço, como comissões sobre vendas, despesas com consertos ou reformas parciais decorrentes de garantias concedidas etc. Os desembolsos com tais despesas podem ocorrer, e até ocorrem, após a transferência, mas o montante é conhecido ou razoavelmente estimável já no ato da transferência.

É importante notar que muito dificilmente será possível observar as três condições anteriores em pontos outros que não o da transferência efetiva do produto ou serviço. De qualquer forma, é a satisfação dessas três condições que deverá determinar quando uma receita pode ser reconhecida nos livros da entidade, e não os interesses outros de natureza fiscal ou, o que é pior, a mudança do critério conforme o interesse de cada configuração. Portanto é fator primordial para a realização do lucro que os produtos ou serviços produzidos por uma entidade tenham sido transferidos para outra entidade física ou jurídica.

Qual a origem dos lucros não-realizados?

Vejamos agora o problema dos LNRs que afeta a equivalência patrimonial. Evidencia-se a existência de LNRs quando, simultaneamente, ocorrem as seguintes situações:

- a investidora apresenta, em seu ativo, bens e/ou serviços adquiridos de sua investida, cuja venda foi efetuada com lucro pela investida;
- a investidora ajusta o saldo de sua conta de investimentos, pelo MEP, aumentando o ativo e o resultado pela sua participação societária no patrimônio líquido da investida.

Depreende-se, após a realização desses dois eventos, que a investidora (ORA) passa a apresentar, simultaneamente no seu ativo, um bem/serviço, cujo valor inclui a margem de lucro da sua investida (IDA), e o saldo da conta de investimento, ajustado pela sua participação percentual no lucro líquido apurado pela IDA, o qual também inclui o lucro na venda dos bens/serviços para a própria ORA. Não faz sentido, portanto, manter essa situação contábil, com o registro do lucro da IDA, em duplicidade no balanço da ORA, como, por exemplo, nas contas estoque e investimento permanente em participações societárias. Adicione-se a isso que, considerando as duas empresas uma única entidade econômica, o lucro somente é realizado quando o bem/serviço é transferido para terceiros.

Portanto existe a figura do LNR na equivalência patrimonial quando IDA vende com lucro para ORA e esta mantém o bem no seu ativo. Vejamos a figura para uma melhor compreensão.

A literatura contábil

Lei das SAs

A Lei das Sociedades por Ações, Lei nº 6.404, de 15 de dezembro de 1976, quando trata da avaliação do investimento em coligadas e controladas, diz, em seu art. 248, inciso I:

> (...) no valor de patrimônio líquido não serão computados os **resultados não realizados** decorrentes de negócios com a companhia, ou com outras sociedades coligadas à companhia, ou por ela controladas. (destaque nosso)

Neste mesmo instrumento legal, o art. 250, sob o tópico Normas sobre Consolidação, assim determina:

> Art. 250. Das demonstrações financeiras consolidadas serão excluídas: [...] III — as parcelas dos resultados do exercício, dos lucros ou prejuízos acumulados e do custo de estoques ou do ativo permanente que corresponderem a resultados, ainda não realizados, de negócios entre as sociedades.

NPC VI — investimentos — participações em outras sociedades

A Norma e Procedimento de Contabilidade (NPC) VI — Investimentos — Participações em Outras Sociedades, emitida pelo Ibracon em dezembro de 1981, em seu item 19, sob o título Avaliação pelo Método de Equivalência Patrimonial, assim exprime:

> No balanço patrimonial ou intercalar da coligada ou da controlada, deverá ser observado pela investidora ou controladora: [...] c) efetuar, pela investidora ou controladora, os ajustes necessários para **excluir do patrimônio líquido da controlada os resultados não realizados**, decorrentes de negócios com a investidora ou a controladora e de negócios com outras coligadas ou outras controladas.

O item 21 dessa mesma norma esclarece:

> 21. Serão considerados **não realizados os lucros ou prejuízos** decorrentes de negócios com a investidora ou com a controladora ou de negócios com outras coligadas ou outras controladas, quando:
> os lucros ou prejuízos estejam incluídos no resultado de uma coligada ou de uma controlada e correspondidos por inclusão ou exclusão no custo de aquisição de ativos de qualquer natureza no balanço patrimonial da investidora ou da controladora;
> os lucros ou prejuízos estejam incluídos no resultado de uma coligada ou de uma controlada e correspondidos por inclusão ou exclusão no custo de aquisição de ativos de qualquer natureza no balanço patrimonial de outras coligadas ou de outras controladas. (destaque nosso)

NBC T 8 – Das demonstrações consolidadas

A NBC T 8 — Das Demonstrações Contábeis Consolidadas, aprovada pela Resolução CFC nº 937/02, de 24 de maio de 2002, quando trata dos resultados não-realizados, assim define:

Das demonstrações contábeis consolidadas são eliminados: (...)
c) as parcelas dos resultados do exercício, do patrimônio líquido e do custo de ativos de qualquer natureza, que **corresponderem a resultados ainda não realizados** de negócios entre as entidades, exceto quando representarem perdas permanentes.
8.2.11 — **Os resultados ainda não realizados**, provenientes de negócios entre as entidades que formam a unidade de natureza econômico-contábil, somente se consideram realizados quando se originarem de negócios efetivos com terceiros. (...)
8.2.13 — Os impostos e contribuições relacionados às transações entre as entidades que formam a unidade de natureza econômico-contábil devem ser reconhecidos na mesma proporção dos resultados ainda não realizados, e classificados no ativo ou no passivo, a curto ou a longo prazo, como tributos diferidos. (grifo nosso).

Instrução CVM nº 247

A Instrução CVM nº 247, de 27 de março de 1996, disciplina o tratamento contábil dos lucros não-realizados da seguinte forma:

DOS PROCEDIMENTOS DE AVALIAÇÃO DE INVESTIMENTOS PELO MÉTODO DA EQUIVALÊNCIA PATRIMONIAL

Art. 9º — O valor do investimento, pelo método da equivalência patrimonial, será obtido mediante o seguinte cálculo:

I — aplicando-se a percentagem de participação no capital social sobre o valor do patrimônio líquido da coligada e da controlada; e

II — subtraindo-se, do montante referido no inciso I, os lucros não realizados, conforme definido no §1º deste artigo, líquidos dos efeitos fiscais.

§1º —Para os efeitos do inciso II deste artigo, serão considerados **lucros não realizados** aqueles decorrentes de negócios com a investidora ou com outras coligadas e controladas, quando:

a) o lucro estiver incluído no resultado de uma coligada e controlada e correspondido por inclusão no custo de aquisição de ativos de qualquer natureza no balanço patrimonial da investidora; ou

b) o lucro estiver incluído no resultado de uma coligada e controlada e correspondido por inclusão no custo de aquisição de ativos de qualquer natureza no balanço patrimonial de outras coligadas e controladas.

§2º — **Os prejuízos decorrentes de transações com a investidora, coligadas e controladas não devem ser eliminados no cálculo da equivalência patrimonial.**

IV. DISPOSIÇÕES FINAIS (...)

Por fim, as disposições contidas na Instrução somente se tornam **obrigatórias** para as demonstrações relativas ao **exercício social findo a partir de 01/12/96**, quando então ficarão revogadas as instruções atuais que tratam da matéria. (destaques nossos).

Conforme pode ser observado através dos destaques por nós evidenciados na literatura contábil aqui apresentada, a Instrução CVM nº 247/96 alterou o conceito até então utilizado de eliminar "resultados não-realizados" por "lucros não-realizados", o que passou a ser exigido para as demonstrações contábeis relativas ao exercício social findo a partir de 1º de janeiro de 1996. Esta mudança relevante tomou como base a convenção do conservadorismo, pois, mesmo que não realizado, uma vez conhecido, o prejuízo deve ser mantido, e não eliminado.

Lucros não-realizados na equivalência patrimonial e na consolidação de demonstrações contábeis

Como vimos, existem LNRs na equivalência patrimonial quando a investida (IDA) vende com lucro um ativo para a investidora (ORA) e esta mantém o bem/serviço no seu ativo. Observe que na equivalência patrimonial a venda é feita sempre pela investida (veja sentido da seta no item sobre a origem dos LNRs). Quando se trata de consolidação de demonstrações contábeis, os LNRs devem ser eliminados nos dois sentidos, ou seja, quando a IDA vende com lucro para a ORA e também quando a ORA vende com lucro para a IDA, e a empresa adquirente mantém o bem/serviço no seu ativo. No caso de consolidação, a representação gráfica fica demonstrada como no exemplo abaixo.

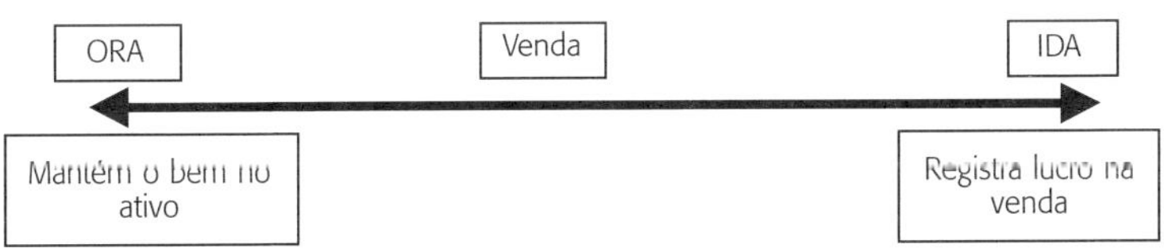

Entendido o significado dos LNRs, é necessário compreender como calculá-lo.

A apuração do lucro não-realizado

Os LNRs devem ser apurados aplicando-se o percentual de margem de lucro bruto da empresa vendedora sobre o saldo do ativo existente no balanço da empresa adquirente. Do valor resultante (LNR) devem ser eliminados os respectivos tributos incidentes. Caso tenham sido pagos ou provisionados tributos sobre o lucro gerado de operações entre empresas do grupo e esse lucro ainda estiver contido em ativos que permaneçam na empresa adquirente, deve-se proceder à sua eliminação e ao diferimento, no ativo, da correspondente despesa de imposto de renda e contribuição social. A lógica contábil é simples, pois, eliminando-se o lucro, não há por que manter as respectivas despesas tributárias incidentes. Entretanto, como os tributos continuam sendo exigidos para fins fiscais, a contabilidade trata-os como diferidos (adiantamentos ou pagamentos antecipados), uma vez que analisa as empresas como uma única unidade econômica.

Visando facilitar o entendimento, segue-se um "passo a passo" para a apuração dos lucros não-realizados, líquido de efeitos fiscais.

Cálculo da margem de lucro bruto da empresa vendedora do ativo:

- valor das vendas do período (receita líquida);
- (–) custo das mercadorias/produtos/serviços vendidos;
- (=) lucro bruto;
- percentagem de margem de lucro = lucro bruto ÷ valor das vendas (receita líquida);

Apuração do lucro não-realizado e respectivos tributos incidentes:

- saldo do ativo transacionado entre as entidades do mesmo grupo (por ex.: estoques) no balanço patrimonial da empresa adquirente;
- (×) margem de lucro bruto da empresa vendedora;
- (=) LNR
- LNR (×) alíquotas de imposto de renda e contribuição social da vendedora = imposto de renda e contribuição social sobre o LNR.

Os LNRs podem surgir de transação com quaisquer ativos entre a controladora e suas investidas. Vejamos, a seguir, exemplos de transações que envolvem estoques e itens do imobilizado.

Lucros não-realizados nos estoques

As situações de LNRs ocorrem mais freqüentemente nos estoques do que em outro ativo qualquer. Dado também o rápido giro dos estoques, é a situação menos complexa, quando comparada, por exemplo, com o imobilizado, de que trataremos adiante.

Segue-se um exemplo ilustrativo de LNRs nos estoques.

A empresa ORA Indústria de Móveis S.A. é detentora de 80% do capital social da IDA Madeiras Nobre Ltda. O investimento é contabilizado pelo MEP. Durante o exercício de 20X0, a investida IDA vendeu para a ORA madeiras no valor total de $ 1.500 mil, cujo custo totalizou $ 900 mil. Em 31 de dezem bro de 20X0 a ORA mantinha em estoque $ 450 mil do total adquirido da IDA.

As alíquotas de imposto de renda e contribuição social incidentes sobre o lucro tributável da IDA totalizam 34%.

A tabela 29 demonstra o cálculo dos LNRs neste caso.

Tabela 29

CÁLCULO DOS LUCROS NÃO-REALIZADOS EM 31/12/20X0

Discriminação	$	
Valor líquido das vendas da IDA para a ORA	1.500.000	A
(–) Custo das mercadorias vendidas	(900.000)	B
(=) Lucro bruto = A – B	600.000	C
Margem de lucro bruto da IDA = C/A	40%	D
Saldo dos estoques na ORA em 31/12/20X0	450.000	E
(=) Lucros não-realizados antes dos efeitos fiscais = E × D	180.000	F
(–) Efeitos fiscais de imposto de renda e contribuição social = F × 34%	(61.200)	G
Lucros não-realizados, líquido dos efeitos fiscais = F – G	118.800	H

Apurados os LNRs, passemos agora ao cálculo da equivalência patrimonial.

Seguindo o "passo a passo" teremos:

- saldo do patrimônio líquido da controlada;
- (×) percentagem de participação da controladora no capital social da controlada;
- (=) subtotal;
- (–) LNR (líquido dos efeitos fiscais);
- (=) equivalência patrimonial.

Complementando o exemplo, considere que o saldo do investimento registrado na ORA, antes do cálculo da equivalência patrimonial, seja de $ 4.500 mil e que o patrimônio líquido da controlada IDA na data do balanço patrimonial, 31/12/20X0, seja de $ 7 milhões, conforme a tabela 30.

Tabela 30

Equivalência patrimonial na ABC em 31/12/20X0

Discriminação	$	
Patrimônio líquido da IDA em 31/12/20X0	7.000.000	A
(×) Percentagem de participação da ORA	80%	B
Subtotal = A × B	5.600.000	C
(–) Lucros não-realizados, líquido dos efeitos fiscais (tabela 28)	(118.800)	D
(=) Equivalência patrimonial – AP inv. part. soc. = C – D	5.481.200	E
(–) Saldo anterior da equivalência patrimonial – AP inv. part. soc.	4.500.000	F
(=) Resultado de equivalência patrimonial (ajuste a crédito do resultado) = E – F	981.200	G

Lucros não-realizados no imobilizado

Embora menos comum do que os estoques, a existência de LNRs no imobilizado resulta em maior complexidade, em razão dos controles envolvidos.

Dando continuidade ao exemplo ilustrativo apresentamos o que se segue.

Em 31 de março de 20X1, a IDA Madeiras Nobre Ltda. vendeu para a sua controladora ORA Indústria de Móveis S.A. um imóvel por $ 1.500 mil, cujo valor contábil era de $ 1.050 mil. A taxa de depreciação do imóvel é de 4% a.a. e a IDA paga seus tributos sobre o lucro às alíquotas mencionadas no exemplo anterior. A IDA registrou um lucro líquido de $ 1.200 mil no exercício findo em 20X1. Veja as tabelas 31 e 32.

Tabela 31

CÁLCULO DOS LUCROS NÃO-REALIZADOS EM 31/12/20X1

Discriminação	$	
Preço de venda do imóvel registrado em 31/03/20X1 na IDA	1.500.000	A
(–) Valor contábil do imóvel	(1.050.000)	B
Lucro bruto registrado na IDA	(450.000)	C
Margem de lucro da IDA = C/A	30%	D
Valor de custo do imóvel no ativo da ORA em 31/03/20X1 = A	1.500.000	E
(–) Depreciação acumulada ($ 1.500 mil × 4% × 9/12)	(45.000)	F
Valor contábil do imóvel na ORA em 31/12/20X1 = E – F	1.455.000	G
(=) Lucro não-realizado antes dos tributos = G × D	436.500	H
(–) Tributos sobre o lucro = H × 34%	(148.410)	I
(=) Lucro não-realizado líquido dos efeitos fiscais em 31/12/20X1 = H – I	288.090	J

Nos anos seguintes, enquanto a ORA mantiver saldo do imóvel no seu ativo, deve-se proceder aos mesmos cálculos do LNR e da equivalência patrimonial. Isto significa que esses cálculos deverão ser efetuados durante toda a vida útil do imóvel.

Tabela 32

EQUIVALÊNCIA PATRIMONIAL NA ABC EM 31/12/20X1

Discriminação	$	
Patrimônio líquido da IDA em 31/12/20X0	7.000.000	A
Lucro de IDA no exercício 20X1	1.200.000	B
Patrimônio líquido da IDA em 31/12/20X1 = A + B	8.200.000	C
(×) Percentagem de participação societária da ORA em IDA	80%	D
Subtotal = C × D	6.560.000	E
(–) Lucros não-realizados, líquido dos efeitos fiscais (tabela 30)	(288.090)	F
(=) Equivalência patrimonial – AP inv. participações societárias = E – F	6.271.910	G
(–) Saldo anterior da equivalência patrimonial – ativo (tabela 29)	5.481.200	H
(=) Resultado de equivalência patrimonial (ajuste a crédito do resultado) = G – H	790.710	I

Faremos a seguir a apuração do LNR para o exercício de 20X2, conforme sintetizado na tabela 33.

Tabela 33

CÁLCULO DOS LUCROS NÃO-REALIZADOS EM 31/12/20X1

Discriminação	$	
Valor de custo do imóvel no ativo da ORA em 31/12/20X1	1.500.000	A
(–) Depreciação acumulada em 31/12/20X1 (tabela 29)	(45.000)	B
(–) Depreciação do exercício de 20X2 (1.500.000 × 4%)	(60.000)	C
Valor contábil do imóvel na ORA em 31/12/20X2 = A – B – C	1.395.000	D
(×) Margem de lucro da IDA (tabela 29)	30%	E
(=) Lucro não-realizado antes dos tributos = D × E	418.500	F
(–) Tributos sobre o lucro = F × 34%	(142.290)	G
(=) Lucro não-realizado líquido dos efeitos fiscais em 31/12/20X1 = F – G	276.210	H

Outros tantos exemplos de LNRs poderiam ser apresentados, inclusive de vendas da controladora para uma controlada, o que não teria impacto no cálculo da equivalência patrimonial, mas precisaria ser eliminado quando da elaboração das demonstrações consolidadas.

Passaremos agora ao estudo amplo das transações entre partes relacionadas; afinal, as transações das quais surgem os LNRs são somente um dos tipos de relações entre partes relacionadas.

O que são partes relacionadas?

Segundo a deliberação, são partes relacionadas as:

> (...) entidades, físicas ou jurídicas, com as quais uma companhia tenha possibilidade de **contratar**, no sentido lato deste termo, em condições que não sejam as de comutatividade e independência que caracterizam as **transações** com terceiros alheios à companhia, ao seu controle gerencial ou a qualquer outra área de influência.

Os contratos e transações referem-se a questões como "comprar, vender, emprestar, tomar emprestado, remunerar, prestar ou receber serviços, condições de operações, dar ou receber em consignação, integralizar capital, exercer opções, distribuir lucros, entre outros".

A divulgação das demonstrações contábeis das companhias, naquilo que se referem às partes relacionadas, deverá abranger empresas:

- controladas e controladoras;
- que estejam sob o mesmo controle de uma terceira;
- coligadas;
- com acionistas ou administradores comuns que possam influenciar ou obter benefícios das decisões tomadas;

- em que seus diretores e acionistas sejam majoritários;
- com pessoas-chave em sua administração;
- com clientes, fornecedores ou financiadores com os quais sejam mantidas relações de dependência econômica, tecnológica ou financeira.

Busca-se, na realidade, a transparência para todos os usuários das informações contábeis, principalmente para os acionistas minoritários.

Características e algumas transações recorrentes

As transações que não se caracterizam como as de comutatividade e independência acontecem entre controladoras, controladas e coligadas, nas quais a controladora detém participação que lhe assegure influência nas deliberações sociais da outra.

O conceito de partes relacionadas deve estender-se, também, ao relacionamento econômico entre outras companhias nas quais haja participação societária envolvida (ex.: empresas ligadas, principais fornecedores e clientes). Como tipos de transações que podem caracterizar este relacionamento econômico podemos citar:

- alienação ou transferência de direitos de propriedade industrial;
- saldos decorrentes de operações e outros saldos a receber ou a pagar;
- renovação, perdão ou outras formas usuais de cancelamento de dívidas;
- prestação de serviços administrativos;
- utilização da estrutura física ou de pessoal de uma empresa pela outra ou outras, com ou sem contraprestação;

- avais, fianças, hipotecas, depósitos, penhores ou quaisquer outras formas de garantia;
- aquisição de direitos ou opções de compra ou qualquer outro tipo de benefício e seu respectivo exercício;
- quaisquer transferências não-remuneradas;
- direitos de preferência à subscrição de valores mobiliários;
- empréstimos e adiantamentos, com ou sem encargos financeiros, ou a taxas favorecidas;
- recebimentos ou pagamentos pela locação ou comodato de bens imóveis ou móveis de qualquer natureza;
- manutenção de quaisquer benefícios para funcionários de partes relacionadas, como planos suplementares de previdência social, plano de assistência médica, refeitório, centros de recreação etc.;
- limitações mercadológicas e tecnológicas.

Uma vez identificada a ocorrência de transações entre partes relacionadas, é necessário divulgá-las adequadamente. Portanto vejamos como essa divulgação deve ser feita.

Divulgação

A divulgação das transações com partes relacionadas deve cobrir:

- saldos e transações inseridos nos contextos operacional e habitual da empresa. Estes devem se classificados em conjunto com os saldos e transações da mesma natureza;
- saldos e transações não inseridos no contexto operacional normal devem ser classificados em itens separados;
- devem ser indicadas, em qualquer dos casos, as condições em que se deram essas transações, especialmente quanto a preços, prazos e encargos e se foram realizadas em condições semelhantes às que seriam aplicáveis às partes não-re-

lacionadas, bem como os efeitos presentes e futuros na situação financeira e nos resultados da companhia.

Diante do exposto, a necessidade de relatar tais relações deve-se ao fato de se preservar o interesse dos demais investidores, aqueles que não têm poder de decisão.

Considerações finais

As práticas internacionais de contabilidade consideram a equivalência patrimonial uma consolidação resumida (*one line consolidation*) e as práticas de contabilidade adotadas no Brasil referem-se às entidades consolidadas como uma unidade de natureza econômica contábil. Dessa forma, as entidades integrantes tanto da equivalência patrimonial quanto da consolidação compõem um único grupo de natureza econômico-contábil que somente gera resultados quando interagem com terceiros fora do grupo. Portanto, para os fins da consolidação, qualquer lucro oriundo de transações entre empresas do grupo deve ser considerado não-realizado.

Finalmente, comentamos as regras de divulgação dessas transações em notas explicativas. Este capítulo é uma seqüência dos capítulos 2 e 3, pois as transações entre partes relacionadas podem implicar lucros não-realizados, o que, por sua vez, afeta o cálculo da equivalência patrimonial e a elaboração das demonstrações consolidadas.

Vimos, neste capítulo, que os LNRs correspondem aos lucros gerados em transações entre empresas do mesmo conglomerado econômico, ocorrendo sempre que uma empresa vende determinado ativo com lucro para outra empresa desse mesmo conglomerado econômico, a qual mantém o ativo em seu patrimônio.

Para efeito do cálculo da equivalência patrimonial, consideram-se realizados somente os lucros nas vendas da investida para terceiros fora do conglomerado econômico. Entretanto, para fins da consolidação das demonstrações contábeis, todos os lucros não-realizados decorrentes de transações entre a controladora e a(s) controlada(s) e vice-versa devem eliminados.

Vimos, ainda, neste capítulo o que significam partes relacionadas e os exemplos mais recorrentes das transações entre elas, bem como as exigências de evidenciação em notas explicativas.

5 Reserva de reavaliação

O presente capítulo discute a reavaliação no âmbito da contabilidade dos investimentos em participações societárias, ou seja, como a reavaliação do patrimônio de uma entidade (investida) se reflete no patrimônio de sua investidora.[10]

Já estudamos, neste livro, os métodos do custo de aquisição e da equivalência patrimonial. No que tange à reavaliação, só é relevante analisar os efeitos de reavaliação de ativos em investimentos avaliados por equivalência patrimonial (reavaliação reflexa). Portanto, ao longo deste capítulo, quando nos referirmos à entidade investida, subentender-se-á que essa investida é avaliada por sua investidora pelo MEP, pois somente neste caso as reavaliações da investida têm reflexos nas demonstrações contábeis da investidora.

---

[10] Sugere-se que o leitor faça uma revisão do tema em livros de contabilidade geral ou contabilidade financeira. Para tanto, veja Coutinho et al., 2007.

O conceito de reserva de reavaliação

Segundo a Deliberação CVM nº 183/95, entende-se por reserva de reavaliação a diferença entre o valor de reposição dos itens tangíveis do ativo permanente imobilizado e seu custo original (líquido de depreciação acumulada, quando for o caso). Essa diferença de valor é contabilizada a débito do ativo (aumentando o saldo da conta que registra o bem reavaliado) e a crédito do patrimônio líquido (reserva de reavaliação).

Exemplo 1

A Cia. IDA apresentou o balanço patrimonial exposto na tabela 34 em 31 de dezembro de 20X6

Tabela 34

Balanço patrimonial da Cia. IDA em 31-12-20X6 (exemplo 1)

Ativo		Passivo + Patrimônio líquido	
Ativo circulante	**1.000**	**Passivo circulante**	**5.000**
Disponibilidades	1.000	Fornecedores a pagar	5.000
Ativo permanente			
Imobilizado	**14.000**	**Patrimônio líquido**	**10.000**
Terrenos	14.000	Capital social	10.000
Total do ativo	**15.000**	**Total do passivo + PL**	**15.000**

Em 1º de janeiro de 20X7, a administração da Cia. IDA resolveu reavaliar seus terrenos, pois, em seu entender, a informação contábil está distorcida, uma vez que os terrenos têm valor de mercado (reposição) muito superior ao evidenciado no balanço patrimonial. Para tanto foi contratada uma empresa especializada que apresentou um laudo de avaliação dos terrenos, atestando que os mesmos valem $ 20 mil.[11]

A administração da entidade e seus sócios concordaram com o valor apresentado no laudo e o contador reconheceu seus efeitos nas demonstrações contábeis da Cia. IDA, cujo balanço patrimonial foi evidenciado da forma apresentada na tabela 35.

Tabela 35

Balanço patrimonial da Cia. IDA em 1-1-20X7 (exemplo 1)

Ativo		Passivo + Patrimônio líquido	
Ativo circulante	**1.000**	**Passivo circulante**	**5.000**
Disponibilidades	1.000	Fornecedores a pagar	5.000
Ativo permanente			
Imobilizado	**20.000**	**Patrimônio líquido**	**16.000**
Terrenos	20.000	Capital social	10.000
		Reserva de reavaliação	6.000
Total do ativo	**21.000**	**Total do passivo + PL**	**21.000**

Portanto a reavaliação provocou o aumento de $ 6 mil ($ 20 mil – $ 14 mil) no ativo total da Cia. IDA e o aumento de mesmo montante em seu patrimônio líquido ($ 16 mil – $ 10 mil).[12]

Relembrado o conceito da reserva de reavaliação, é necessário focar no objetivo deste capítulo a reserva de reavaliação reflexa.

[11] Pelo art. 8º da Lei nº 6.404/1976, a reavaliação pode ser baseada em laudo elaborado por uma empresa especializada ou por três peritos.

[12] Observe que não há que se falar em imposto de renda diferido neste exemplo, pois o ativo reavaliado não é passível de depreciação. Sobre o imposto de renda diferido veja o exemplo 6 deste capítulo.

O conceito de reserva de reavaliação reflexa

A reavaliação acarreta o aumento do patrimônio líquido e, conseqüentemente, gera impactos no cálculo e na contabilização da equivalência patrimonial por parte da investidora. O cálculo da equivalência patrimonial consiste no produto entre a participação que a investidora detém sobre o capital social da investida e o valor do patrimônio líquido desta.

Portanto, se o patrimônio líquido da investida aumenta, o valor do investimento avaliado pela equivalência patrimonial, na investidora, também aumenta. Dessa forma, pode-se dizer que a reserva de reavaliação reflexa é o reflexo, no patrimônio da investidora, da reavaliação efetuada pela investida.

Exemplo 2

Digamos que a Cia. IDA, do exemplo anterior, seja uma subsidiária integral da Cia. ORA, ou seja, ORA detém 100% de participação no capital social da IDA.

Em 31 de dezembro de 20X6, a Cia. ORA evidenciou o balanço patrimonial exposto na tabela 36.

Tabela 36

Balanço patrimonial da Cia. ORA em 31-12-20X6 (exemplo 2)

Ativo		Passivo + Patrimônio líquido	
Ativo circulante	10.000		
Disponibilidades	10.000		
Ativo permanente			
Investimentos	10.000	Patrimônio líquido	20.000
Partic. soc. em IDA	10.000	Capital social	20.000
Total do ativo	20.000	Total do passivo + PL	20.000

Em função da reavaliação reconhecida pela Cia. IDA, a Cia. ORA precisará rever o valor de sua equivalência patrimonial (tabela 37).

Tabela 37
EQUIVALÊNCIA PATRIMONIAL NA CIA. IDA

Data	31-12-20X6	1-1-20X7
Participação societária	100%	100%
PL da Cia. IDA	10.000	16.000
Equivalência patrimonial	10.000	16.000

Conseqüentemente, a companhia investidora debitará $ 6 mil da conta AP investimentos — participações societárias na Cia. IDA. As questões que surgem são:

- Qual conta será creditada?
- Deverá a Cia. ORA reconhecer a receita de equivalência patrimonial?

Certamente, pelo método das partidas dobradas, a Cia. ORA precisará creditar os $ 6 mil em alguma conta. Considerando que o patrimônio líquido da companhia investida não aumentou em decorrência de apuração de resultados (receitas menos despesas), ORA não deverá reconhecer o acréscimo de seu patrimônio como uma receita, pois isso provocaria a adoção de mecanismos diferentes entre a investidora e a investida, uma assimetria de tratamentos contábeis.

Buscando, portanto, a simetria de tratamento contábil entre a investidora e sua investida, a reavaliação reconhecida pela investida — que não afeta o resultado do período, sendo reconhecida diretamente no PL da IDA —, avaliada pelo MEP, também não afeta o resultado da ORA, sendo reconhecida diretamente no PL desta, na conta reserva de reavaliação reflexa.

Então a Cia. ORA reconheceria o seguinte lançamento contábil:

Débito	Part. societárias na Cia. IDA – conta do AP investimentos	6.000
Crédito	Reserva de reavaliação reflexa – conta do PL	6.000

Conseqüentemente, o balanço patrimonial apresentado na tabela 38 seria evidenciado pela Cia. ORA em 1-1-20X7, logo após o reconhecimento da reavaliação pela companhia investida.

Tabela 38

Balanço patrimonial da Cia. ORA em 1-1–20X7 (exemplo 2)

Ativo		Passivo + Patrimônio líquido	
Ativo circulante	**10.000**		
Disponibilidades	10.000		
Ativo permanente			
Investimentos	**16.000**	**Patrimônio líquido**	**26.000**
Part. soc. em IDA	16.000	Capital social	20.000
		Res. reavaliação reflexa	6.000
Total do ativo	**26.000**	**Total do passivo + PL**	**26.000**

Resumindo, o aumento do patrimônio líquido da empresa investida avaliada pelo MEP é refletido no aumento do investimento na investidora. Todavia esse aumento, por não se tratar de um resultado realizado, também não é registrado na investidora como resultado do período (receita de equivalência patrimonial do período). A contabilização da contrapartida do aumento do valor do investimento (participação societária) da investidora é também em conta de reserva de reavaliação, em seu patrimônio líquido. Essa reserva, por se referir ao reflexo da reserva de reavaliação da investida, também é denominada reserva de reavaliação reflexa (de investimentos avaliados pelo MEP).

Ressalta-se que a empresa investidora não incorrerá em ônus tributário na realização da reserva de reavaliação reflexa, já que a tributação ocorre na investida. Portanto o aumento do investimento e do patrimônio líquido da investidora é líquido dos efeitos tributários, sem que haja na investidora qualquer contabilização de passivos fiscais.

Imagine como a investidora deveria reconhecer o reflexo da reavaliação efetuada por uma investida sua se, quando da aquisição da participação societária, a investidora tivesse pago ágio e que este tivesse como fundamento econômico o ativo então reavaliado. Esse é o tema da próxima seção.

O ágio e a reserva de reavaliação reflexa

Freqüentemente o ágio pago pela investidora é motivado pela mais-valia dos ativos da investida. Ora, se o ágio teve essa substância econômica (ativos da investida subavaliados em sua contabilidade), não é raro que a entidade investida proceda à reavaliação de seu patrimônio logo após a realização do investimento pela entidade investidora. Conseqüentemente, a investidora precisa recalcular a equivalência patrimonial.

Quando o bem reavaliado pela investida for rigorosamente o mesmo que deu origem ao ágio pago pela investidora, esta só creditará o acréscimo patrimonial na conta reserva de reavaliação reflexa após compensar todo o saldo do respectivo ágio. Portanto a conta creditada será aquela que registra o ágio. Caso o reflexo da reavaliação seja maior que o saldo do ágio ainda não amortizado, o excedente será lançado na conta reserva de reavaliação reflexa.

Exemplo 3

Aproveitando o exemplo anterior, admitamos que a Cia. ORA pagou um ágio de $ 4.500 quando da aquisição de sua participação acionária no capital social da Cia. IDA (100%), tendo sido o ágio motivado pela defasagem de valor contábil do terreno e seu valor de mercado.

Então, em 31 de dezembro de 20X6, a Cia. ORA evidenciou o balanço patrimonial exposto na tabela 39.

Tabela 39
Balanço patrimonial da Cia. ORA em 31-12-20X6 (exemplo 3)

Ativo		Passivo + Patrimônio líquido	
Ativo circulante	**5.500**		
Disponibilidades	5.500		
Ativo permanente			
Investimentos	**14.500**	**Patrimônio líquido**	**20.000**
Participação soc. em IDA	10.000	Capital social	20.000
Ágio (mais-valia terreno)	4.500		
Total do ativo	**20.000**	**Total do passivo + PL**	**20.000**

Sabendo-se que a Cia. IDA reavaliou o terreno que deu origem ao ágio, a Cia. ORA precisará rever o valor de sua equivalência patrimonial, para $ 16 mil, mediante o seguinte lançamento contábil:

Débito	Participação societária em IDA – conta do AP investimentos	6.000
Crédito	Ágio (mais-valia dos terrenos) – conta do AP investimentos	4.500
Crédito	Reserva de reavaliação reflexa – conta do PL	1.500

Conseqüentemente, o balanço patrimonial da tabela 40 seria evidenciado pela Cia. ORA, em 1-1-20X7, logo após o reconhecimento da reavaliação pela Cia. IDA.

Tabela 40
Balanço patrimonial da Cia. ORA em 1-1-20X7 (exemplo 3)

Ativo		Passivo + Patrimônio líquido	
Ativo circulante	**5.500**		
Disponibilidades	5.500		
Ativo permanente			
Investimentos	**16.000**	**Patrimônio líquido**	**21.500**
Participação soc. em IDA	16.000	Capital social	20.000
Ágio (mais-valia terreno)	–	Res. reavaliação reflexa	1.500
Total do ativo	**21.500**	**Total do passivo + PL**	**21.500**

Em resumo, na existência de ágio na investidora explicado por diferença de valores contábeis e valores de mercado dos itens tangíveis do imobilizado da investida, quando esta efetua a reavaliação desses ativos que originaram o ágio, a contrapartida do aumento do investimento só é contabilizada no patrimônio líquido da investidora se exceder a dedução do respectivo ágio.

Se o valor do reflexo da reavaliação na investidora for menor que o saldo do ágio não-amortizado (motivado pela mais-valia do bem reavaliado), a investidora deverá reconhecer a parcela do ágio remanescente como perda no período.

A rigor, esse fato não deveria acontecer, pois, na percepção da perda de valor econômico do ágio, mesmo antes da reavaliação dos ativos da investida, a investidora já deveria ter ajustado o valor do ágio para o seu provável valor de realização através do procedimento do teste de recuperabilidade de custos (*impairment test*).

Exemplo 4

Aproveitando, ainda, o mesmo exemplo anterior (exemplo 2), admitamos que a Cia. ORA pagou um ágio de $ 7.800 quando da aquisição de sua participação acionária no capital social da Cia. IDA (100%), tendo sido o ágio motivado pela defasagem de valor contábil do terreno e seu valor de mercado.

Então, em 31 de dezembro de 20X6, a Cia. ORA evidenciou o balanço patrimonial exposto na tabela 41.

Tabela 41

Balanço patrimonial da Cia. ORA em 31-12-20X6 (exemplo 4)

Ativo		Passivo + Patrimônio Líquido	
Ativo circulante	**2.200**		
Disponibilidades	2.200		
Ativo permanente			
Investimentos	**17.800**	**Patrimônio líquido**	**20.000**
Partic. soc. em IDA	10.000	Capital social	20.000
Ágio (mais-valia terreno)	7.800		
Total do ativo	**20.000**	**Total do passivo + PL**	**20.000**

Observe que todo o ágio teve como fundamento econômico a mais-valia do terreno; agora, reavaliado pela Cia. IDA, a Cia. ORA precisará rever o valor de sua equivalência patrimonial, para $ 16 mil, mediante o seguinte lançamento contábil:

Débito	Participação societária em IDA – conta do AP investimentos	6.000
Débito	Perda por irrecuperabilidade do ágio – conta de resultado	1.800
Crédito	Ágio (mais-valia dos terrenos) – conta do AP investimentos	7.800

Conseqüentemente, o balanço patrimonial da tabela 42 seria evidenciado pela Cia. ORA, em 1-1-20X7, logo após o reconhecimento da reavaliação pela Cia. IDA e da perda.

Tabela 42

Balanço patrimonial da Cia. ORA em 1-1-20X7 (exemplo 4)

Ativo		Passivo + Patrimônio líquido	
Ativo circulante	**2.200**		
Disponibilidades	2.200		
Ativo permanente			
Investimentos	**16.000**	**Patrimônio líquido**	**18.200**
Partic. soc. em IDA	16.000	Capital social	20.000
Ágio (mais-valia terreno)	–	Prejuízos acumulados	(1.800)
Total do ativo	**18.200**	**Total do Passivo + PL**	**18.200**

Registre-se que, se o ágio tivesse outras fundamentaçoes econômicas além da mais-valia do terreno (como a expectativa de lucros futuros ou o direito de concessão de serviços públicos), poderia ser mantido o saldo na conta ágio referente a essas outras parcelas do ágio.

Vejamos a seguir o efeito da reserva de reavaliação reflexa no balanço patrimonial consolidado.

A reserva de reavaliação reflexa na consolidação

A reserva de reavaliação reflexa é apresentada naturalmente no balanço patrimonial consolidado, já que o valor do patrimônio líquido da investidora tende a prevalecer no patrimônio líquido consolidado. Entretanto, no balanço patrimonial consolidado essa reserva é denominada reserva de reavaliação, tal qual na entidade investida. Afinal, o balanço patrimonial consolidado evidencia a situação patrimonial do grupo econômico, tendo sido esse patrimônio reavaliado ou não.

Exemplo 5

Vejamos a consolidação dos balanços patrimoniais evidenciados antes e depois da reavaliação, referentes aos exemplos 1 e 2 deste capítulo.

Em 31 de dezembro de 20X6, antes da reavaliação, os balanços patrimoniais evidenciados pela Cia. ORA, pela Cia. IDA e pelo conglomerado econômico foram os apresentados na tabela 43.

Tabela 43

Balanços patrimoniais em 31-12-20X6

	ORA	IDA	Consolidado
Ativo			
Ativo circulante	**10.000**	**1.000**	**11.000**
Disponibilidades	10.000	1.000	11.000
Ativo permanente			
Investimentos	**10.000**	**–**	**–**
Partic. soc. em IDA	10.000	–	–
Imobilizado	**–**	**14.000**	**14.000**
Terrenos	–	14.000	14.000
Total do ativo	**20.000**	**15.000**	**25.000**
Passivo + Patrimônio líquido			
Passivo circulante	**–**	**5.000**	**5.000**
Fornecedores a pagar	–	5.000	5.000
Patrimônio líquido	**20.000**	**10.000**	**20.000**
Capital social	20.000	10.000	20.000
Total do passivo + PL	**20.000**	**15.000**	**25.000**

Logo após a reavaliação, em 1º de janeiro de 20X7, os seguintes balanços patrimoniais seriam evidenciados, conforme tabela 44.

Tabela 44
BALANÇOS PATRIMONIAIS EM 1-1-20X7

	ORA	IDA	Consolidado
Ativo			
Ativo circulante	**10.000**	**1.000**	**11.000**
Disponibilidades	10.000	1.000	11.000
Ativo permanente			
Investimentos	**16.000**	**–**	**–**
Partic. soc. em IDA	16.000	–	–
Imobilizado	**–**	**20.000**	**20.000**
Terrenos	–	20.000	20.000
Total do ativo	**26.000**	**21.000**	**31.000**
Passivo + Patrimônio líquido			
Passivo circulante–	**5.000**	**5.000**	
Fornecedores a pagar	–	5.000	5.000
Patrimônio líquido	**26.000**	**16.000**	**26.000**
Capital social	20.000	10.000	20.000
Reserva de reavaliação	–	6.000	6.000
Reserva de reavaliação reflexa	6.000	–	–
Total do passivo + PL	**26.000**	**21.000**	**31.000**

A realização da reserva de reavaliação reflexa

A reserva de reavaliação reflexa, assim como a reserva de reavaliação de bens próprios, é realizada à medida que o bem reavaliado for sendo realizado. Ora, se o bem é realizado mediante venda e depreciação, quando o bem reavaliado for vendido, e conforme ele for sendo depreciado, é necessário realizar a reserva de reavaliação.

De acordo com a Deliberação CVM nº 183/1995, a realização da reserva de reavaliação não transita pelo resultado do período (ou seja, não é reconhecida como receita), é transferida diretamente para lucros acumulados (conta do patrimônio líquido). Isso serve tanto para a reserva de reavaliação de itens do patrimônio próprio (reserva de reavaliação), quanto para a reserva de reavaliação de bens das investidas (reserva de reavaliação reflexa).

Exemplo 6[13]

A Cia. Pater detém participação de 70% do capital social da Cia. Hijo. As empresas evidenciaram os balanços patrimoniais em 30 de dezembro de 20X0, conforme a tabela 45.

Em 31 de dezembro de 20X0, a Cia. Hijo (IDA) reavaliou suas máquinas ao valor de mercado ($ 14 mil) e, conforme o laudo de avaliação, o novo tempo de vida útil das mesmas é estimado em sete anos. Em função dessa reavaliação, os seguintes balanços patrimoniais foram evidenciados em 31 de dezembro de 20X0, conforme a tabela 46.

[13] Nesta seção são abordados os efeitos do imposto de renda sobre a reserva de reavaliação de bens depreciáveis no balanço patrimonial da empresa investida. Observe, entretanto, que a reserva de reavaliação reflexa não acarreta qualquer impacto tributário para a investidora.

Tabela 45

BALANÇOS PATRIMONIAIS EM 30-12-20X0

	Cia. Pater	Cia. Hijo	Consolidado
Ativo			
Ativo circulante	**5.000**	**1.000**	**6.000**
Disponibilidades	5.000	1.000	6.000
Ativo permanente			
Investimentos	**7.000**	**–**	**–**
Ativo			
Ações da Cia. Hijo	7.000	–	–
Imobilizado	**–**	**9.000**	**9.000**
Máquinas	–	9.000	9.000
Total do ativo	**12.000**	**10.000**	**15.000**
Passivo + Patrimônio líquido			
Passivo circulante	**–**	**–**	**–**
Participação de minoritários	**–**	**–**	**3.000**
Patrimônio líquido	**12.000**	**10.000**	**12.000**
Capital social	12.000	10.000	12.000
Total do passivo + PL	**12.000**	**10.000**	**15.000**

Ressalte-se que neste caso (reavaliação de bem depreciável) a IDA precisou reconhecer o imposto de renda diferido (leia-se: imposto de renda e contribuição social sobre o lucro diferido), mensurado mediante a aplicação da alíquota de 34% (imposto de renda = 25%; adicional de imposto de renda = 10%; contribuição social = 9%) sobre o valor da reavaliação ($ 5 mil). O imposto de renda diferido é reconhecido de forma a retificar o valor da reserva de reavaliação (a débito do patrimônio líquido) e aumentar o exigível a longo prazo (crédito).

Tabela 46

Balanços patrimoniais em 31-12-20X0

	Cia. Pater	Cia. Hijo	Consolidado
Ativo			
Ativo circulante	**5.000**	**1.000**	**6.000**
Disponibilidades	5.000	1.000	6.000
Ativo permanente			
Investimentos	**9.310**	**–**	**–**
Ações da Cia. Hijo	9.310	–	–
Ativo			
Imobilizado	**–**	**14.000**	**14.000**
Máquinas	–	14.000	14.000
Total do ativo	**14.310**	**15.000**	**20.000**
Passivo + Patrimônio líquido			
Passivo circulante	**–**	**–**	**–**
Exigível a longo prazo	**–**	**1.700**	**1.700**
Imposto de renda diferido	–	1.700	1.700
Participação de minoritários	**–**	**–**	**3.990**
Patrimônio líquido	**14.310**	**13.300**	**14.310**
Capital social	12.000	10.000	12.000
Reserva de reavaliação	–	5.000	2.310
(–) Imposto de renda diferido	–	(1.700)	–
Reserva de reavaliação reflexa	2.310	–	–
Total do passivo + PL	**14.310**	**15.000**	**20.000**

Considerando que o PL da IDA foi reduzido em virtude do reconhecimento do imposto de renda diferido, ao se calcular a equivalência patrimonial e a conseqüente reserva de reavaliação reflexa, a ORA o faz com base nesse valor reduzido, portanto não há que se falar em imposto de renda diferido sobre a reserva de reavaliação reflexa, mesmo porque seria bitributação.

Observe que no balanço patrimonial consolidado não há de se falar em reserva de reavaliação reflexa nem em imposto de renda diferido retificando o PL, afinal, no consolidado, o investimento da ORA é eliminado com o patrimônio líquido da IDA. Portanto a reserva de reavaliação reflexa da ORA é reclassificada para reserva de reavaliação (de bens próprios) no balanço patrimonial consolidado. Entretanto o imposto de renda diferido passivo (exigível a longo prazo) é evidenciado no balanço patrimonial consolidado, pois o conglomerado terá que pagar tais tributos.

Durante o ano de 20X1, a Cia. Hijo auferiu receitas com terceiros (à vista) de $ 7 mil, incorreu em despesas com terceiros (à vista) de $ 2.200 e depreciou suas máquinas no valor de $ 2 mil (1/7 de $ 14 mil). Assim, em 31 de dezembro de 20X1, a Cia. Hijo apurou a demonstração do resultado do exercício, conforme a tabela 47.

Tabela 47

DEMONSTRAÇÃO DO RESULTADO DA CIA. HIJO APURADA EM 31-12-20X1

Discriminação	Cia. Hijo
Receita de vendas	7.000
(–) Despesas	(2.200)
(–) Depreciação	(2.000)
Lucro	2.800

Considerando que a Cia. Hijo depreciou um bem reavaliado, precisou reconhecer a realização da reserva de reavaliação na mesma proporção da depreciação, isto é, 1/7 (um sétimo ou 14,2857%) — o que foi feito mediante o seguinte lançamento contábil:

Débito	Reserva de reavaliação – conta do PL	714
Crédito	Lucros acumulados – conta do PL	714

Sem arredondamento, o valor da realização da reserva de reavaliação seria de $ 714,29.

Da mesma forma, precisou reconhecer a realização do imposto de renda diferido, também em 1/7 do saldo inicial (ou 34% da realização da reserva de reavaliação), isto é, $ 282,86 — o que foi feito mediante o seguinte lançamento contábil:

Débito	Lucros acumulados – conta do PL	283
Crédito	Imposto de renda diferido – conta do PL	283

Conseqüentemente, em 31-12-20X1, a Cia. Hijo evidenciou a demonstração das mutações do patrimônio líquido, conforme segue na tabela 48.

Tabela 48

DMPL DA CIA. HIJO APURADA EM 31-12-20X1

Eventos\Contas	Capital social	Reserva de reavaliação	(–) Imposto de renda diferido	Lucros acumulados	Total PL
Saldos iniciais	10.000	–	–	–	10.000
Reavaliação	–	5.000	(1.700)	–	3.300
Lucro do período	–	–		2.800	2.800
Realização res. de reavaliação	–	(714)	243	471	-
Saldos finais	**10.000**	**4.286**	**(1.457)**	**3.271**	**16.100**

Durante o ano de 20X1, a Cia. Pater não desenvolveu qualquer atividade operacional, simplesmente reconheceu a receita de equivalência patrimonial relativa ao investimento na Cia. Hijo, no valor de $ 1.960 ($ 11.270 – $ 9.310), como demonstrado na tabela 49.

Tabela 49
EQUIVALÊNCIA PATRIMONIAL

Data	30-12-20X0	31-12-20X0	31-12-20X1
Participação societária	70%	70%	70%
PL da Cia. Hijo	10.000	13.300	16.100
Equivalência patrimonial	7.000	9.310	11.270

Conseqüentemente, a Cia. Pater apurou a demonstração do resultado do exercício que consta na tabela 50.

Tabela 50
DEMONSTRAÇÃO DO RESULTADO DA CIA. PATER APURADA EM 31-12-20X1

Discriminação	Cia. Pater
Receita de vendas	–
(–) Despesas	–
(–) Depreciação	–
(+) Rec. equiv. patrimonial	1.960
Lucro	1.960

Considerando que a Cia. Hijo realizou a sua reserva de reavaliação, a Cia. Pater também precisa fazê-lo, na mesma proporção da depreciação (um sétimo ou 14,2857%), mediante o seguinte lançamento contábil:

Débito	Reserva de reavaliação reflexa – conta do PL	330
Crédito	Lucros acumulados – conta do PL	330

Esse valor foi apurado mediante a divisão da reserva de reavaliação reflexa ($ 2.310) pelo novo tempo de vida útil do bem reavaliado pela investida (sete anos).

Portanto a demonstração das mutações do patrimônio líquido da Cia. Pater ficou evidenciada, em 31 de dezembro de 20X1, como mostra a tabela 51.

Tabela 51

DMPL DA CIA. PATER APURADA EM 31-12-20X1

Eventos\Contas	Capital social	Reserva de reavaliação reflexa	Lucros acumulados	Total PL
Saldos iniciais	12.000	–	–	12.000
Reavaliação	–	2.310	–	2.310
Lucro do período	–	–	1.960	1.960
Realização res. de reavaliação	–	(330)	330	–
Saldos finais	**12.000**	**1.980**	**2.290**	**16.270**

Finalmente, em 31 de dezembro de 20X1, as duas empresas e o grupo econômico apresentaram os balanços patrimoniais demonstrados na tabela 52.

O saldo de disponibilidades da ORA é formado pelo saldo inicial. Já o saldo de disponibilidades da IDA corresponde ao saldo inicial ($ 1 mil) mais a receita recebida à vista ($ 7 mil) menos as despesas incorridas já desembolsadas ($ 2.200).

Considerando-se que a investida já realizou a reserva de reavaliação e o respectivo imposto de renda diferido (redutora do PL), é necessário transferir parte o imposto de renda diferido do ELP para o PC, proporcionalmente à realização do imposto de renda diferido (redutora do PL), ou seja, em $ 243.

Da mesma forma que a investida precisa reconhecer a realização de sua reserva de realização, a investidora precisa reconhecer a realização da reserva de reavaliação reflexa.

Tabela 52

Balanços patrimoniais em 31-12-20X1

	Cia. Pater	Cia. Hijo	Consolidado
Ativo			
Ativo circulante	**5.000**	**5.800**	**10.800**
Disponibilidades	5.000	5.800	10.800
Ativo permanente			
Investimentos	**11.270**	**–**	**–**
Ações da Cia. Hijo	11.270	–	–
Imobilizado	**–**	**12.000**	**12.000**
Máquinas	–	14.000	14.000
(–) Depreciação acumulada	–	(2.000)	(2.000)
Total do ativo	**16.270**	**17.800**	**22.800**
Passivo + Patrimônio líquido			
Passivo circulante	**–**	**243**	**243**
Imposto de renda diferido	–	243	243
Ativo			
Exigível a longo prazo	**–**	**1.457**	**1.457**
Imposto de renda diferido	–	1.457	1.457
Participação de minoritários	**–**	**–**	**4.830**
Patrimônio líquido	**16.270**	**16.100**	**16.270**
Capital social	12.000	10.000	12.000
Reserva de reavaliação	–	4.286	1.980
(–) Imposto de renda diferido	–	(1.457)	–
Reserva de reavaliação reflexa	1.980	–	–
Lucros acumulados	2.290	3.271	2.290
Total do passivo + PL	**16.270**	**17.800**	**22.800**

A reversão da reserva de reavaliação reflexa

O parágrafo único do art. 8º da Instrução CVM nº 247/96 estabelece a necessidade de se reverter o saldo da reserva de reavaliação reflexa em contrapartida ao valor do investimento da controlada ou coligada quando a adoção do MEP não for mais obrigatória.

Exemplo 7

Em seqüência ao exemplo 6 desenvolvido anteriormente, admitamos que a ORA, Cia. Pater, resolva vender suas participações na IDA, Cia. Hijo. Na data-base considerada para a venda, por hipótese, em 1-1-20X2, num momento imediatamente anterior à venda, a Cia. Pater precisa reverter o saldo da reserva de reavaliação reflexa em contrapartida ao valor do investimento na Cia. Hijo, mediante o seguinte lançamento contábil:

Débito	Reserva de reavaliação reflexa – conta do PL	1.980
Crédito	Ações da Cia. Hijo – IDA – conta do AP investimentos	1.980

Conseqüentemente, a Cia. Pater apresentará o balanço patrimonial (controladora), conforme a tabela 53.

Tabela 53

BALANÇO PATRIMONIAL EM 1-1-20X2

	Cia. Pater
Ativo	
Ativo circulante	**5.000**
Disponibilidades	5.000
Ativo permanente	
Investimentos	**9.290**
Ações da Cia. Hijo	9.290
Imobilizado	**–**
Máquinas	–
(–) Depreciação acumulada	–
Total do ativo	**14.290**
Passivo + Patrimônio líquido	
Passivo circulante	
Imposto de renda diferido	–
Ativo	
Exigível a longo prazo	**–**
Imposto de renda diferido	–
Participação de minoritários	**–**
Patrimônio líquido	14.290
Capital social	12.000
Reserva de reavaliação	–
(–) Imposto de renda diferido	–
Reserva de reavaliação reflexa	–
Lucros acumulados	2.290
Total do passivo + PL	**14.290**

Considerações finais

A reserva de reavaliação reflexa não acarreta qualquer impacto na Doar, na demonstração dos fluxos de caixa (DFC) nem na demonstração do valor adicionado (DVA). Portanto o presente capítulo não apresenta qualquer comentário com relação a essas demonstrações.

Considerando-se que só há que se discutir o reconhecimento da reserva de reavaliação reflexa relativamente aos investimentos em entidades avaliadas pelo MEP, este capítulo é uma continuação dos capítulos 2 e 3 deste livro.

Vimos, neste capítulo, que:

- o reconhecimento, pela investidora, da reavaliação efetuada por investidas avaliadas pelo MEP deve ter como contrapartida do acréscimo do ativo permanente investimentos, participações societárias, o patrimônio líquido, especificamente a conta reserva de reavaliação reflexa, em montante que exceder o ágio pago pela investidora relativamente ao ativo reavaliado pela investida;
- o reconhecimento da reserva de reavaliação reflexa não gera qualquer impacto tributário para a investidora;
- a reserva de reavaliação reflexa é realizada proporcionalmente à realização da reserva de reavaliação na investida ou, extraordinariamente, quando a adoção do MEP não for mais obrigatória.

6

Variação do percentual de participação

Neste capítulo vamos estudar o que é e como ocorre a variação do percentual de participação no capital social que a investidora detém na investida, bem como o tratamento contábil adequado aos efeitos econômicos dessas variações.

Quando ocorre a variação do percentual de participação?

A variação do percentual de participação entre os sócios ocorre sempre que há desequilíbrio na relação societária de participação no capital social. Quando há um aumento de capital e algum sócio resolve não participar, ou, ainda, quando alguém vende parte de suas cotas/ações, certamente perde participação percentual no capital da investida, enquanto os demais que aderiram à capitalização ganham participação. Entretanto, conforme comentado adiante, ganhar ou perder percentual de participação no capital social não significa, necessariamente, aumento ou redução do valor do investimento contabilizado pelo MEP no ativo nem perda ou ganho de capital a ser apropriado no resultado do período.

Várias podem ser as razões para um sócio ganhar ou perder participação no capital social de uma entidade investida, conforme define o item 31 da Norma e Procedimento de Contabilidade (NPC) VI emitida pelo Ibracon:

- alienação parcial do investimento;
- reestruturação da espécie e classe de ações do capital social;
- renúncia de direito de preferência na subscrição em aumento de capital;
- aquisições de ações pela própria coligada ou pela própria controlada para cancelamento ou permanência em tesouraria;
- outros eventos que possam resultar em variação de percentagem de participação.

Entendidas as transações que geram variações do percentual de participação, é necessário estudar como contabilizar tal evento.

A contabilização do ajuste de variação do percentual de participação e o respectivo tratamento fiscal

Em conformidade com o item 30 da referida norma contábil do Ibracon, o ajuste de equivalência patrimonial deve ser contabilizado no resultado do exercício, constituindo-se em renda ou perda não-operacional, na proporção da diferença que decorrer do ganho ou da perda efetiva por variação da percentagem de participação da investidora ou da controladora no capital social da coligada ou da controlada.

O item II do art. 16 da Instrução CVM nº 247, de 27 de março de 1996, assim orienta a contabilização desse ajuste:

> Art. 16 — A diferença verificada, ao final de cada período, no valor do investimento avaliado pelo método da equivalência

> patrimonial deverá ser apropriada pela investidora como: (...) II — receita ou despesa não operacional, quando corresponder a eventos que resultem na variação da porcentagem de participação no capital social da coligada e controlada.

O *Manual de contabilidade das sociedades por ações* (Iudícibus, Martins e Gelbcke, 2007) recomenda a contabilização na conta investimentos tendo como contrapartida a conta resultados não-operacionais, em subgrupo ganhos e perdas de capital nos investimentos, que poderia ser intitulada resultados não-operacionais em investimentos. Percebe-se que não há diferença no tratamento contábil exigido pela CVM em comparação com o sugerido no manual de contabilidade. Afinal, os ajustes da variação da participação acionária são evidenciados como resultados não-operacionais. Dessa forma, o aprimoramento sugerido no manual de contabilidade consiste em categorizar os resultados não-operacionais: no imobilizado, em investimentos e outros.[14]

Antes de se exemplificarem a contabilizações dos ajustes (ganhos ou perdas) das variações da participação societária, é adequado contextualizar a sua origem.

A origem do ganho e da perda não-operacionais

O patrimônio líquido de uma empresa é formado por capital social, reservas e lucros. A propriedade do patrimônio é representada pela participação do sócio no capital social da empresa. A renúncia de participação de um sócio na subscrição de capital da investida, além da perda de percentual de participação, pode resultar também em perda ou ganho das reservas e

[14] Quanto ao tratamento fiscal, o art. 428 do RIR/99 determina que a receita não-operacional seja não-tributável e a despesa não-operacional seja não-dedutível.

lucros que integram o patrimônio líquido da investida. Vejamos as três situações que afetam a perda ou o ganho não-operacional relacionados com a variação do percentual de participação no capital social da investida:

- nas situações em que haja reservas e/ou lucros acumulados, quando a subscrição de capital é feita a **valor nominal** da ação/cota (pagando-se pelo patrimônio não o valor patrimonial, mas apenas o valor nominal da cota do capital social), o sócio que deixa de participar da subscrição não perde o seu capital, mas cede a terceiros toda a participação que detém nas reservas e/ou lucros da empresa investida, incorrendo então em perda de capital próprio (patrimônio líquido). Conseqüentemente, aquele terceiro que participou da subscrição no lugar do sócio ausente registra um deságio pelo ganho nas reservas e/ou lucros cedidos pelo sócio ausente na subscrição. Portanto, na mesma linha de raciocínio, quando a subscrição é feita abaixo do valor patrimonial, porém acima do valor nominal da ação/cota de capital, o sócio que renunciou à subscrição **perde uma parte proporcional** das suas reservas e lucros que compõem o valor patrimonial da ação/cota, ou seja, a perda é proporcional à diferença entre o valor patrimonial e o valor da subscrição;
- quando a subscrição for a valor patrimonial, o sócio ausente perde percentual de participação no capital social, mas não incorre em perda nem ganho de capital, não havendo, portanto, ajustes a efetuar em suas demonstrações contábeis. Por outro lado, o sócio que subscreveu o capital não reconhece qualquer ágio ou deságio em sua contabilidade;
- a terceira situação é quando a subscrição é feita acima do valor patrimonial da ação/cota do capital social. Mesmo não participando, o sócio ausente ganha parte da parcela do preço de subscrição que excede o valor patrimonial integralizado, registrando, portanto, um ganho não-operacional, enquanto o sócio subscritor reconhece um ágio na subscrição de capital.

Vejamos o exemplo no qual os sócios A e B detêm, cada um, 50% de participação no capital social da empresa Delta em 31-12-20X0, e o sócio A renuncia à subscrição de capital ocorrida em 20X1, passando então, após o aumento de capital, a deter 40% da Delta, cujo patrimônio líquido é demonstrado nas tabelas 54 e 55.

Tabela 54

DELTA — CAPITAL SOCIAL EM COTAS DO CAPITAL SOCIAL

Cotista	Participação no capital social (%)	Nº de cotas em 31-12-20X0	Aumento em 20X1	Capital social em 31-12-20X1	Participação no capital social (%)
A	50	60.000	–	60.000	40
B	50	60.000	30.000	90.000	60
	100	120.000	30.000	150.000	100

Tabela 55

DELTA – PATRIMÔNIO LÍQUIDO
(EM $)

Conta	PL em 31-12-20X0			Aumento em 20X1	PL em 31-12-20X1		
		Participação de:				Participação de:	
	Delta	A – 50%	B – 50%	Delta	Delta	A – 40%	B – 60%
Capital social	120.000	60.000	60.000	30.000	150.000	60.000	90.000
Reservas	680.000	340.000	340.000	20.000	700.000	280.000	420.000
Lucros acumulados	200.000	100.000	100.000		200.000	80.000	120.000
Total	1.000.000	500.000	500.000	50.000	1.050.000	420.000	630.000

Observe que:

- valor do aumento do PL por cota do capital social: $ 50 mil ÷ 120 mil cotas = $ 0,417 por cota;
- valor patrimonial da cota do capital social: $ 1 milhão ÷ 120 mil cotas = $ 8,33.

Conforme aqui evidenciado, ao renunciar à subscrição no capital social da Delta, cujo aumento foi efetuado a valor inferior ao patrimonial, o sócio A incorreu em uma perda de capital representada pela redução na sua participação nas reservas em $ 60 mil ($ 340 mil – $ 280 mil) e nos lucros acumulados em $ 20 mil ($ 100 mil – $ 80 mil).

Como o sócio A registra a participação na Delta pela equivalência patrimonial, sua contabilidade revela a situação antes (31-12-20X0) e depois do aumento de capital (31-12-20X1), conforme a tabela 56

Tabela 56

INVESTIMENTO NA DELTA, CONFORME AS DEMONSTRAÇÕES CONTÁBEIS DO SÓCIO A

	Investimento – Ativo ($)	20X1 – Perda de capital (DRE)
31-12-20X0	500.000 (1)	
20X1 – Perda de capital na Delta	(80.000)	80.000
31-12-20X1	420.000 (2)	80.000

Por ter renunciado à subscrição, o sócio A incorreu numa perda de capital de $ 80 mil, enquanto o sócio B registrou um deságio (ganho) de igual valor, demonstrado na tabela 57.

Tabela 57

DESÁGIO REGISTRADO PELO SÓCIO B

Patrimônio líquido da Delta após o aumento de capital	$ 1.050.000
Novo percentual de participação de B	60%
Equivalência patrimonial contabilizada por B	$ 630.000
Menos: saldo inicial do investimento registrado em B	($ 500.000)
Valor do aumento de capital registrado em B	($ 50.000)
Valor do deságio registrado em B	$ 80.000

Portanto o que determina se há ajuste de ganho ou perda de capital a contabilizar, decorrente da alteração na participação societária, é o valor da ação ou da cota subscrita e integralizada pelos demais sócios, cujas origens e efeitos são os seguintes:

- subscrição a valor acima do patrimonial: nesta situação há ágio a contabilizar para o sócio subscritor do capital e ganho (receita não-operacional em investimentos) para o sócio que renunciou à subscrição ou que alienou parte de sua participação;
- subscrição a valor abaixo do patrimonial: nesta situação há deságio a contabilizar para o sócio subscritor do capital e perda (despesa não-operacional em investimentos) para o sócio que renunciou à subscrição ou que alienou parte de sua participação.

Conseqüentemente, no caso de alteração da participação societária, quando a subscrição ocorre pelo valor patrimonial, não há ágio nem deságio a contabilizar para o subscritor do capital e não existe ganho nem perda para o sócio que renunciou à subscrição ou que alienou parte de sua participação.

Impacto nas demonstrações contábeis da investidora quando há renúncia do direito de preferência na subscrição em aumento de capital

Conforme mencionado, haverá ganho ou perda não-operacional a serem contabilizados nas demonstrações contábeis da investidora que renunciou ao seu direito de subscrição, resultando, portanto, numa redução da participação societária, quando o montante subscrito for superior ou inferior ao valor patrimonial da cota ou ação do capital, respectivamente. Nos casos em que a subscrição ocorrer a valor patrimonial, não haverá ganho ou perda a registrar nas demonstrações contábeis da investidora.

Ilustraremos a seguir exemplos das situações de perda, de ganho e quando não há perda nem ganho de equivalência a ser contabilizado.

Exemplo ilustrativo de perda

A empresa ABC Ltda. possui quatro sócios, cada um com igual participação de 25% no seu capital social, o qual totaliza 20 mil cotas. O valor patrimonial de cada cota é de $ 250. Precisando de recursos financeiros para o seu giro e também para investimentos, a administração da ABC resolveu aumentar o capital social em 12 mil cotas ao preço unitário de $ 200, resultando, portanto, na entrada de caixa de $ 2.400 mil. O sócio A decide não participar deste aumento de capital.

Seguem-se, na tabela 58, as informações detalhadas do patrimônio líquido da ABC antes e depois do aumento de capital.

Tabela 58

Informações detalhadas do patrimônio líquido da ABC (exemplo de perda)

Cotista	Capital social (antes do aumento)		Aumento de capital	Capital social (após o aumento)	
	Quantidade de cotas	Participação no capital social (%)	Quantidade de cotas	Quantidade de cotas	Participação no capital social (%)
A	5.000	25	–	5.000	15,625
B	5.000	25	4.000	9.000	28,125
C	5.000	25	4.000	9.000	28,125
D	5.000	25	4.000	9.000	28,125
Total	20.000	100	12.000	32.000	100

Seguem, na tabela 59, os dados do patrimônio líquido da ABC antes e depois do aumento de capital.

Tabela 59

DADOS DO PATRIMÔNIO LÍQUIDO DA ABC (EXEMPLO DE PERDA)

	$	Quantidade de cotas do capital social	Cota ($) – Valor patrimonial
Patrimônio líquido antes do aumento de capital	5.000.000	20.000	250
Aumento de capital	2.400.000	12.000	200
Patrimônio líquido após o aumento de capital	7.400.000	32.000	231,25

Conforme aqui evidenciado, o cotista A não participou do aumento de capital, e, como a subscrição foi feita abaixo do valor patrimonial, A incorreu numa perda (despesa não-operacional em investimentos).

Segue, na tabela 60, a apuração da perda de capital do cotista A.

Tabela 60

APURAÇÃO DA PERDA DE CAPITAL DO COTISTA A (EXEMPLO DE PERDA)

	Antes do aumento de capital	Depois do aumento de capital
Patrimônio líquido da ABC	$ 5.000.000	$ 7.400.000
Percentagem de participação do sócio A	25	15,625
Equivalência patrimonial	$ 1.250.000(a)	$ 1.156.250(b)
Resultado não-operacional em investimentos em A (a) – (b)		($ 93.750)

Essa perda pode ser conciliada conforme a tabela 61 a seguir.

Tabela 61

CONCILIAÇÃO DA PERDA

Participação societária antes da nova subscrição		5.000
Total do capital social antes da nova subscrição	20.000	
Participação (%) antes da nova subscrição	25	
(x) Diferença do valor patrimonial da ação		(18,75)
Depois	231,25	
Antes	250,00	
(=) Valor do resultado não-operacional em investimentos decorrente de variação na participação societária		(93.750)

Exemplo ilustrativo de ganho de equivalência patrimonial

Assumamos agora, neste mesmo exemplo, que a subscrição seja feita acima do valor patrimonial, dessa forma sendo cada nova cota subscrita por \$ 320, e não mais por \$ 200.

Seguem, na tabela 62, os dados do patrimônio líquido da ABC antes e depois do aumento de capital.

Tabela 62

DADOS DO PATRIMÔNIO LÍQUIDO DA ABC (EXEMPLO DE GANHO)

	$	Quantidade de cotas do capital social	Cota ($) – Valor patrimonial
Patrimônio líquido antes do aumento de capital	5.000.000	20.000	250
Aumento de capital	3.840.000	12.000	320
Patrimônio líquido após o aumento de capital	8.840.000	32.000	276,25

Embora tenha perdido percentual de participação por não ter acompanhado os demais sócios no aumento de capital da ABC, o cotista A, ainda assim, apurou um ganho de equivalência patrimonial pelo fato de a subscrição ter sido feita acima do valor patrimonial. Na tabela 63, a apuração do ganho de equivalência de capital do cotista A.

Tabela 63

Apuração de ganho de equivalência de capital do cotista A (exemplo de ganho)

	Antes do aumento de capital	Depois do aumento de capital
Patrimônio líquido da ABC	$ 5.000.000	$ 8.840.000
Percentagem de participação de A	25	15,625
Equivalência patrimonial	$ 1.250.000(a)	$ 1.381.250(b)
Resultado não-operacional em investimentos em A (b) – (a)		$ 131.250

Esse ganho pode ser conciliado conforme a tabela 64.

Tabela 64

Conciliação do ganho

	Participação societária antes da nova subscrição		5.000
	Total do capital social antes da nova subscrição	20.000	
	Participação (%) antes da nova subscrição	25	
(x)	Diferença do valor patrimonial da ação		26,25
	Depois	276,25	
	Antes	250,00	
(=)	Valor do resultado não-operacional em investimentos decorrente de variação na participação societária		131.250

Exemplo ilustrativo em que não há perda ou ganho de equivalência patrimonial

Finalmente, quando a subscrição é feita a valor patrimonial, não há perda ou ganho de equivalência. Segue-se o mesmo exemplo anterior, contemplando, porém, a subscrição de capital pelo valor patrimonial, ou seja, cada nova cota sendo integralizada por $ 250.

Veja na tabela 65 os dados do patrimônio líquido da ABC antes e depois do aumento de capital.

Tabela 65

DADOS DO PATRIMÔNIO LÍQUIDO DA ABC ANTES E DEPOIS DO AUMENTO DE CAPITAL (SEM GANHO OU PERDA)

	$	Quantidade de cotas do capital social	Cota ($) – Valor patrimonial
Patrimônio líquido antes do aumento de capital	5.000.000	20.000	250,00
Aumento de capital	3.000.000	12.000	250,00
Patrimônio líquido após o aumento de capital	8.000.000	32.000	250,00

Como nos exemplos anteriores, A perdeu percentual de participação por não ter acompanhado os demais sócios no aumento de capital da ABC, porém, como a subscrição foi feita ao valor patrimonial da ABC, o cotista A não apurou ganho nem perda de equivalência patrimonial.

Na tabela 66, a apuração da equivalência de capital do cotista A.

Tabela 66

APURAÇÃO DA EQUIVALÊNCIA DE CAPITAL DO COTISTA A (SEM GANHO OU PERDA)

	Antes do aumento de capital	Depois do aumento de capital
Patrimônio líquido da ABC	$ 5.000.000	$ 8.000.000
Percentagem de participação de A	25	15,625
Equivalência patrimonial	$ 1.250.000(a)	$ 1.250.000(b)
Resultado não-operacional em investimentos em A (a) – (b)		$-0-

A conciliação é a apresentada na tabela 67.

Tabela 67

CONCILIAÇÃO SEM GANHO OU PERDA

Participação societária antes da nova subscrição			5.000
	Total do capital social antes da nova subscrição	20.000	
	Participação (%) antes da nova subscrição	25	
(x)	Diferença do valor patrimonial da ação		–
	Depois	250,00	
	Antes	250,00	
(=)	Valor do resultado não-operacional em investimentos decorrente de variação na participação societária		–

Além de se reconhecer o efeito da variação da participação societária nas demonstrações contábeis da investidora, também é necessário reconhecê-lo nas demonstrações contábeis consolidadas.

Impacto da variação do percentual de participação nas demonstrações contábeis consolidadas

De acordo com as práticas contábeis adotadas no Brasil, devem ser consolidadas todas as sociedades controladas. Portanto nem todas as participações societárias mensuradas e contabilizadas pelo MEP são incluídas na consolidação das demonstrações contábeis.

Como coligadas (diretas ou diretas), as investidas não devem ser consolidadas, mas, a partir do momento em que o investidor adquire capital ou o direito legal (acordo de acionistas, por exemplo) que lhe confere as condições de controle, com preponderância nas deliberações sociais da investida, passa a existir a obrigatoriedade de consolidação, seja para as sociedades investidas de capital aberto, capital fechado ou limitadas.

Como integração deste capítulo à consolidação de demonstrações contábeis, referimo-nos ao momento em que, por meio do ganho (ou aquisição) de participação societária, o sócio passa a exercer controle sobre a investida. A partir deste momento, e tão-somente deste momento, as suas demonstrações contábeis devem ser consolidadas com as da controlada. Vamos assumir que em 31-12-20X0 a investidora A detenha 30% das ações ordinárias do capital da controlada Maravilha e que os demais 70% estejam assim divididos: 30% com o sócio B e os demais 40% com mais três investidores. Em 30 de junho de 20X1 ocorre um aumento de capital social e o investidor B renuncia ao direito de preferência de subscrição, do que se aproveita o sócio A e capitaliza no lugar de B, passando a deter 51% das ações ordinárias, com direito a voto, e, dessa forma, controlar sozinho a Maravilha. Configura-se, portanto, a partir de 30 de junho de 20X1, a necessidade de A consolidar suas demonstrações contábeis com as de Maravilha. Observe que, embora o exercício social de Maravilha encerre-se em 31 de dezembro de 20X1, A somente consolidará seus resultados aos de Maravilha a partir de 30 de junho de 20X1, data em que A obteve o controle de Maravilha. Outro ponto a se considerar é a data da equivalência patrimonial. Como é notório, as práticas contábeis brasileiras permitem, para fins de equivalência patrimonial, a utilização do balanço patrimonial da investida, levantado em até 60 dias antes da data do registro da equivalência patrimonial pela investidora. É importante que A faça a primeira equivalência em Maravilha, como controlada, na data mais próxima à aquisição, pois é recomendável que a consolidação seja feita na mesma data da equivalência, a fim de evitar conciliações entre o resultado do consolidado e o da controladora, conforme visto anteriormente.

Da mesma forma, como a participação societária pode aumentar, fazendo com que a investida passe de coligada (ou contabilizada pelo método de custo) a controlada, a situação também pode ser inversa quando houver perda de participação de capital, passando uma sociedade controlada para a condição de coligada, ou mesmo o investimento ser contabilizado pelo método de custo. De forma análoga, aplica-se o mesmo procedimento anteriormente descrito, ou seja, a partir do momento em que a investida deixe de ser controlada, devem cessar os efeitos da aplicação dos procedimentos de consolidação.

Vejamos o exemplo a seguir, para melhor entendimento do aqui exposto.

A sociedade ORA passa, em 30 de setembro de 20X1, a deter 70% do capital social da empresa IDA Ltda., o que lhe assegura o direito ao controle das operações da investida. A evolução do patrimônio líquido da IDA, em 20X0, é apresentada na tabela 68.

Tabela 68

EVOLUÇÃO DO PATRIMÔNIO LÍQUIDO DA IDA EM 20X0

Descrição	Patrimônio líquido da IDA	Participação de ORA (70%)
Saldo em 31-12-20X0	$ 5.000.000	
Lucro de 1-1 a 30-9-20X1	2.000.000	
Saldo em 30-9-20X1	7.000.000	$ 4.900.000
Lucro do 4º trimestre de 20X1	1.000.000	700.000
Saldo em 31-12-20X1	8.000.000	5.600.000

Embora a IDA tenha obtido um lucro de $ 3 milhões durante o exercício de 20X1, apenas o seu resultado do quarto trimestre de 20X1, no valor de $ 1 milhão, deve ser consolidado, haja vista que a IDA passou a ser controlada da sociedade ORA a partir de 30 de setembro de 20X1.

Considerações finais

Os ganhos ou perdas provenientes da variação do percentual de participação, quando um (ou mais) sócio(s) renuncia(m) ao direito de preferência na subscrição de ações ou cotas do capital social da investida, representam, com freqüência:

- quando ganhos, a parcela que o sócio ausente tem direito sobre o valor do ágio pago pelo sócio que subscreveu o capital;
- quando perda, a parcela de reservas e/ou lucros acumulados que o sócio ausente cedeu ao sócio que subscreveu o capital em seu lugar.

Tais ganhos e perdas são registrados na contabilidade do sócio que renunciou ao direito de preferência de subscrição, respectivamente, como receita e despesa não-operacional. Para fins fiscais, o ganho constitui-se numa receita de natureza não-tributável e a perda, numa despesa de natureza não-dedutível, quando da apuração dos tributos de imposto de renda e contribuição social sobre o lucro das pessoas jurídicas.

Vimos, neste capítulo, que a variação no percentual de participação da investidora no capital social de uma investida pode ocorrer tanto pela subscrição de novas ações, pela investidora analisada, sem que outra(s) investidora(s) subscreva(m) essas novas ações (ou subscreva uma quantidade inferior a que teria direito), quanto pela não-subscrição pela investidora analisada, havendo a subscrição por outra(s) investidora(s) em seu lugar.

Só há evento econômico passível de reconhecimento contábil, relativo à variação da participação societária, quando a subscrição ocorre por montante diferente do valor patrimonial da ação.

Quando a investidora subscreve novas ações de uma investida, em montante superior ao valor patrimonial da ação, a investidora precisa reconhecer o ágio, se houver fundamentação econômica para o mesmo. Caso contrário, precisa reconhecer uma perda.

Quando a investidora não subscreve novas ações de uma investida, ações essas subscritas por outra investidora em montante superior ao valor patrimonial da ação, a investidora analisada precisa reconhecer um ganho (receita não-operacional).

Quando a investidora subscreve novas ações de uma investida, em montante inferior ao valor patrimonial da ação, a investidora precisa reconhecer o deságio.

Quando a investidora analisada não subscreve novas ações de uma investida, ações essas subscritas por outra investidora em montante inferior ao valor patrimonial da ação, a investidora analisada precisa reconhecer uma perda (despesa não-operacional).

Conclusão

O conhecimento da contabilidade dos investimentos em participações societárias é fundamental para se analisarem as demonstrações contábeis das grandes empresas, pelo menos daquelas negociadas na Bolsa de Valores de São Paulo (Bovespa).

Espera-se que o leitor compreenda a aplicabilidade dos conceitos apresentados neste livro não só como "a contabilidade pela contabilidade", mas a contabilidade (dos investimentos em participações societárias) como uma ferramenta de sistematização das transações e dos eventos que afetam o desempenho e o resultado das entidades. Entendendo a contabilidade desta forma, será fácil perceber a sua relevância na redução da assimetria informacional e, conseqüentemente, no processo decisório, principalmente em decisões relacionadas a investimentos no mercado de capitais, reestruturação societária e planejamento fiscal (lícito).

É necessário ressaltar que os órgãos emissores de normas contábeis de diversos países — desenvolvidos e em desenvolvimento — estão envolvidos no processo de convergência internacional (ou harmonização) das práticas contábeis.

Considerando que o Brasil está incluído nesse processo, algumas de nossas práticas contábeis precisarão ser alteradas num futuro próximo (a rigor, já estão sendo). Conseqüentemente, convidamos o leitor a se manter atualizado em relação a essas alterações, principalmente àquelas que vierem a afetar o conteúdo deste livro — em especial, no que tange à consolidação das demonstrações contábeis, pois a CVM estabeleceu, por meio da Instrução nº 457/2007, que passarão a ser elaboradas em consonância com as práticas contábeis internacionais (Financial Reporting Standards — IFRS). Além disso, espera-se que o substitutivo do Projeto de Lei no 3.741/00, o qual promove alterações nos aspectos contábeis dispostos na Lei das Sociedades por Ações — Lei nº 6.404/76, seja votado pelo Senado e sancionado pelo Presidente da República a qualquer momento — uma vez que já foi encaminhado à Comissão de Constituição e Justiça. Certamente tal alteração no diploma legal afetará o conteúdo deste livro. Entretanto, não temos como estimar quando isto ocorrerá, pois depende da agenda do Senado Federal. Bem como, não temos como assegurar a extensão dessas alterações, uma vez que o Projeto de Lei ainda será votado e está sujeito a veto.

Por fim, desejamos que nossos leitores tenham muito sucesso a contabilizar e que jamais precisem reconhecer qualquer provisão para perdas permanentes.

Referências bibliográficas

BRASIL. Deliberação CVM nº 26, de 5 de fevereiro de 1986. Aprova o pronunciamento emitido pelo Instituto Brasileiro de Contadores (Ibracon) sobre transações entre partes relacionadas. *Diário Oficial da União*, Poder Executivo, Brasília, DF, 13 fev. 1986a.

_______. Deliberação CVM nº 29, de 5 de fevereiro de 1986. Aprova e referenda o pronunciamento do Ibracon sobre a Estrutura Conceitual Básica da Contabilidade. *Diário Oficial da União*, Poder Executivo, Brasília, DF, 13 fev. 1986b.

_______. Resolução CFC nº 732, de 22 de outubro de 1992. Aprova a NBC T 4 — Da avaliação patrimonial. *Diário Oficial da União*, Poder Executivo, Brasília, DF, 5 nov. 1992.

_______. Conselho Federal de Contabilidade. Resolução CFC nº 750, de 29 de dezembro de 1993. Dispõe sobre os princípios fundamentais de contabilidade (PFC). *Diário Oficial da União*, Poder Executivo, Brasília, DF, 31 dez. 1993.

_______. Deliberação CVM nº 183, de 19 de junho de 1995. Aprova o pronunciamento do Ibracon sobre Reavaliação de Ativos. *Diário Oficial da União*, Poder Executivo, Brasília, DF, 22 jun. 1995.

______. Instrução CVM nº 247, de 27 de março de 1996. Dispõe sobre a avaliação de investimentos em sociedades coligadas e controladas e sobre os procedimentos para elaboração e divulgação das demonstrações contábeis consolidadas, para o pleno atendimento aos Princípios Fundamentais de Contabilidade. *Diário Oficial da União*, Poder Executivo, Brasília, DF, 29 mar. 1996a.

______. Instrução CVM nº 269, de 1º de dezembro de 1997. Altera a Instrução 247/96, que dispõe sobre a avaliação de investimentos em sociedades coligadas e controladas e sobre os procedimentos para elaboração e divulgação de demonstrações contábeis consolidadas. *Diário Oficial da União*, Poder Executivo, Brasília, DF, 3 dez. 1997.

______. Comissão de Valores Mobiliários. Nota Explicativa à Instrução CVM nº 247, de 11 de abril de 1996. Referente à Instrução 247/96, que dispõe sobre a avaliação de investimentos em controladas e coligadas e sobre a elaboração de demonstrações contábeis consolidadas. *Diário Oficial da União*, Poder Executivo, Brasília, DF, 29 mar. 1996.

______. Instrução CVM nº 285, de 31 de julho de 1998. Altera a Instrução 247/96, que dispõe sobre a avaliação de investimentos em sociedades coligadas e controladas e sobre os procedimentos para elaboração e divulgação das demonstrações contábeis consolidadas. *Diário Oficial da União*, Poder Executivo, Brasília, DF, 6 ago. 1998.

______. Resolução CFC nº 937, de 24 de maio de 2002. Aprova a NBC T 8 – Das Demonstrações Contábeis Consolidadas. *Diário Oficial da União*, Poder Executivo, Brasília, DF, 11 jun. 2002.

______. Instrução CVM nº 408, de 18 de agosto de 2004. Dispõe sobre a inclusão de Entidades de Propósito Específico (EPE) nas demonstrações contábeis consolidadas das companhias abertas. *Diário Oficial da União*, Poder Executivo, Brasília, DF, 20 ago. 2004a.

______. Comissão de Valores Mobiliários. Nota Explicativa à Instrução CVM nº 408, de 18 de agosto de 2004. Referente à Instrução 408/

04, que dispõe sobre a inclusão de Entidades de Propósito Específico (EPE) nas demonstrações contábeis consolidadas das companhias abertas. *Diário Oficial da União*, Poder Executivo, Brasília, DF, 20 ago. 2004.

______. Instrução CVM nº 457, de 13 de julho de 2007. Dispõe sobre a elaboração e divulgação das demonstrações financeiras consolidadas, com base no padrão contábil internacional emitido pelo International Accounting Standards Board (Iasb). *Diário Oficial da União*, Poder Executivo, Brasília, DF, 16 jul. 2007.

______. Deliberação CVM nº 488, de 3 de outubro de 2005. Aprova o pronunciamento do Ibracon NPC nº 27 sobre Demonstrações Contábeis — Apresentação Divulgação. *Diário Oficial da União*, Poder Executivo, Brasília, DF, 6 out. 2005.

COUTINHO, Atimo et al. *Contabilidade financeira*. Rio de Janeiro: FGV, 2007. (Série Gestão Financeira, Controladoria e Auditoria).

ESTADOS UNIDOS DA AMÉRICA. Financial Accounting Standards Board. *Current text*, v. 1 — General Standards, Investments: Equity Method — I82.502. 2002.

IUDÍCIBUS, Sérgio; MARTINS, Eliseu; GELBCKE, Ernesto R. *Manual de contabilidade das sociedades por ações*: aplicável às demais sociedades. 6. ed. São Paulo: Atlas, 2003.

Lei 6.404/76. Lei das Sociedades por Ações.

Anexos

Anexo A — Instrução CVM nº 247/96 (consolidada com a Instrução CVM nº 285/98)

Do método da equivalência patrimonial

Art. 1º — O investimento permanente de companhia aberta em coligadas, suas equiparadas e em controladas, localizadas no país e no exterior, deve ser avaliado pelo método da equivalência patrimonial, observadas as disposições desta Instrução.

Parágrafo Único — Equivalência patrimonial corresponde ao valor do investimento determinado mediante a aplicação da percentagem de participação no capital social sobre o patrimônio líquido de cada coligada, sua equiparada e controlada.

Das coligadas e controladas

Art. 2º — Consideram-se coligadas as sociedades quando uma participa com 10% (dez por cento) ou mais do capital social da outra, sem controlá-la.

Parágrafo único — Equiparam-se às coligadas, para os fins desta Instrução:

a) as sociedades quando uma participa indiretamente com 10% (dez por cento) ou mais do capital votante da outra, sem controlá-la;
b) as sociedades quando uma participa diretamente com 10% (dez por cento) ou mais do capital votante da outra, sem controlá-la, independentemente do percentual da participação no capital total.

Art. 3º — Considera-se controlada, para os fins desta Instrução:

I — Sociedade na qual a investidora, diretamente ou indiretamente, seja titular de direitos de sócio que lhe assegurem, de modo permanente:

a) preponderância nas deliberações sociais; e
b) o poder de eleger ou destituir a maioria dos administradores.

II — Filial, agência, sucursal, dependência ou escritório de representação no exterior, sempre que os respectivos ativos e passivos não estejam incluídos na contabilidade da investidora, por força de normatização específica; e

III — Sociedade na qual os direitos permanentes de sócio, previstos nas alíneas *a* e *b* do inciso I deste artigo estejam sob controle comum ou sejam exercidos mediante a existência de acordo de votos, independentemente do seu percentual de participação no capital votante.

Parágrafo único — Considera-se, ainda, controlada a subsidiária integral, tendo a investidora como única acionista.

Da determinação da relevância do investimento

Art. 4º — Considera-se relevante o investimento:

I — Quando o valor contábil do investimento em cada coligada for igual ou superior a 10% (dez por cento) do patrimônio líquido da investidora; ou

II — Quando o valor contábil dos investimentos em controladas e coligadas, considerados em seu conjunto, for igual ou superior a 15% (quinze por cento) do patrimônio líquido da investidora.

§ 1º — O valor contábil do investimento em coligada e controlada abrange o custo de aquisição mais a equivalência patrimonial e o ágio não amortizado, deduzido do deságio não amortizado e da provisão para perdas.

§ 2º — Para determinação dos percentuais referidos nos incisos I e II deste artigo, ao valor contábil do investimento deverá ser adicionado o montante dos créditos da investidora contra suas coligadas e controladas.

Dos investimentos a serem avaliados pelo método da equivalência patrimonial

Art. 5º — Deverão ser avaliados pelo método da equivalência patrimonial:

I — O investimento em cada controlada; e

II — O investimento relevante em cada coligada e/ou em sua equiparada, quando a investidora tenha influência na administração ou quando a percentagem de participação, direta ou indireta da investidora, representar 20% (vinte por cento) ou mais do capital social da coligada.

Parágrafo único — Serão considerados exemplos de evidências de influência na administração da coligada:

a) participação nas suas deliberações sociais, inclusive com a existência de administradores comuns;
b) poder de eleger ou destituir um ou mais de seus administradores;

c) volume relevante de transações, inclusive com o fornecimento de assistência técnica ou informações técnicas essenciais para as atividades da investidora;
d) significativa dependência tecnológica e/ou econômico-financeira;
e) recebimento permanente de informações contábeis detalhadas, bem como de planos de investimento; ou
f) uso comum de recursos materiais, tecnológicos ou humanos.

Art. 6º — Deverá deixar de ser avaliado pelo método da equivalência patrimonial, sem prejuízo do disposto no artigo 12, o investimento em sociedades coligadas e controladas com efetiva e clara evidência de perda de continuidade de suas operações ou no caso em que estas estejam operando sob severas restrições a longo prazo que prejudiquem significativamente a sua capacidade de transferir recursos para a investidora.

Art. 7º — O investimento em sociedade coligada e controlada cuja venda por parte da investidora, em futuro próximo, tenha efetiva e clara evidência de realização continuará sendo avaliado pelo método da equivalência patrimonial até a database considerada para a venda.

Art. 8º — O investimento em coligada que, por redução do valor contábil do investimento, deixar de ser relevante, continuará sendo avaliado pela equivalência patrimonial, caso essa redução não seja considerada de caráter permanente, devendo todos os seus reflexos ser evidenciados, segregadamente, em nota explicativa.

Parágrafo único — Na hipótese de descontinuidade do investimento, principalmente aquelas previstas nos artigos 6º e 7º, os saldos das reservas de reavaliação constituídas pela investidora deverão ser revertidos em contrapartida ao respectivo valor contábil do investimento.

Dos procedimentos de avaliação de investimentos pelo método da equivalência patrimonial

Art. 9º — O valor do investimento, pelo método da equivalência patrimonial, será obtido mediante o seguinte cálculo:

I — Aplicando-se a percentagem de participação no capital social sobre o valor do patrimônio líquido da coligada e da controlada; e

II — Subtraindo-se, do montante referido no inciso I, os lucros não realizados, conforme definido no § 1º deste artigo, líquidos dos efeitos fiscais.

§ 1º — Para os efeitos do inciso II deste artigo, serão considerados lucros não realizados aqueles decorrentes de negócios com a investidora ou com outras coligadas e controladas, quando:

a) o lucro estiver incluído no resultado de uma coligada e controlada e correspondido por inclusão no custo de aquisição de ativos de qualquer natureza no balanço patrimonial da investidora; ou
b) o lucro estiver incluído no resultado de uma coligada e controlada e correspondido por inclusão no custo de aquisição de ativos de qualquer natureza no balanço patrimonial de outras coligadas e controladas.

§ 2º — Os prejuízos decorrentes de transações com a investidora, coligadas e controladas não devem ser eliminados no cálculo da equivalência patrimonial.

§ 3º — Os lucros e os prejuízos, assim como as receitas e as despesas decorrentes de negócios que tenham gerado, simultânea e integralmente, efeitos opostos nas contas de resultado das coligadas e controladas, não serão excluídos para fins de cálculo do valor do investimento.

Art. 10º — Para os efeitos do disposto no artigo 9º, o patrimônio líquido da coligada e controlada deverá ser determinado com base nas demonstrações contábeis levantadas na mesma data das demonstrações contábeis da investidora.

§ 1º — Na impossibilidade de cumprimento ao disposto no *caput* deste artigo, admite-se a utilização de demonstrações contábeis da coligada e controlada em um período máximo de defasagem de até 60 (sessenta) dias antes da data das demonstrações contábeis da investidora.

§ 2º — O período de abrangência das demonstrações contábeis da coligada e controlada deverá ser idêntico ao da investidora, independentemente das respectivas datas de encerramento.

§ 3º — Admite-se a utilização de períodos não idênticos, nos casos em que este fato representar melhoria na qualidade da informação produzida, sendo a mudança evidenciada em nota explicativa.

Art. 11 — Para a determinação do valor da equivalência patrimonial, a investidora deverá:

I — Eliminar os efeitos decorrentes da diversidade de critérios contábeis, em especial referindo-se a investimentos no exterior;

II — Excluir o montante correspondente às participações recíprocas;

III — Reconhecer os efeitos decorrentes de eventos relevantes ocorridos no período intermediário, no caso de demonstrações contábeis levantadas em datas diversas; e

IV — Reconhecer os efeitos decorrentes de classes de ações com direito preferencial de dividendo fixo, dividendo cumulativo e com diferenciação na participação de lucros.

Das perdas permanentes em investimentos avaliados pelo método da equivalência patrimonial

Art. 12 — A investidora deverá constituir provisão para cobertura de:

I — Perdas efetivas, em virtude de:

a) eventos que resultarem em perdas não provisionadas pelas coligadas e controladas em suas demonstrações contábeis; ou
b) responsabilidade formal ou operacional para cobertura de passivo a descoberto.

II — Perdas potenciais, estimadas em virtude de:

a) tendência de perecimento do investimento;

b) elevado risco de paralisação de operações de coligadas e controladas;
c) eventos que possam prever perda parcial ou total do valor contábil do investimento ou do montante de créditos contra as coligadas e controladas; ou
d) cobertura de garantias, avais, fianças, hipotecas ou penhor concedidos, em favor de coligadas e controladas, referentes a obrigações vencidas ou vincendas, quando caracterizada a incapacidade de pagamento pela controlada ou coligada.

§ 1º — Independentemente do disposto na letra *b* do inciso I, deve ser constituída ainda provisão para perdas quando existir passivo a descoberto e houver intenção manifesta da investidora em manter o seu apoio financeiro à investida.

§ 2º — A provisão para perdas deverá ser apresentada no ativo permanente por dedução e até o limite do valor contábil do investimento a que se referir, sendo o excedente apresentado em conta específica no passivo.

Do ágio ou deságio na aquisição de investimento avaliado pelo método da equivalência patrimonial

Art. 13 — Para efeito de contabilização, o custo de aquisição de investimento em coligada e controlada deverá ser desdobrado e os valores resultantes desse desdobramento, contabilizados em subcontas separadas:

I — Equivalência patrimonial baseada em demonstrações contábeis elaboradas nos termos do art. 10º; e

II — Ágio ou deságio na aquisição ou na subscrição, representado pela diferença para mais ou para menos, respectivamente, entre o custo de aquisição do investimento e a equivalência patrimonial.

Art. 14 — O ágio ou deságio computado na ocasião da aquisição ou subscrição do investimento deverá ser contabilizado com indicação do fundamento econômico que o determinou.

§ 1º — O ágio ou deságio decorrente da diferença entre o valor de mercado de parte ou de todos os bens do ativo da coligada e controlada e o respectivo valor contábil deverá ser amortizado na proporção em que o ativo for sendo realizado na coligada e controlada, por depreciação, amortização, exaustão ou baixa em decorrência de alienação ou perecimento desses bens ou do investimento.

§ 2º — O ágio ou o deságio decorrente da diferença entre o valor pago na aquisição do investimento e o valor de mercado dos ativos e passivos da coligada ou controlada, referido no parágrafo anterior, deverá ser amortizado da seguinte forma:

a) o ágio ou o deságio decorrente de expectativa de resultado futuro no prazo, extensão e proporção dos resultados projetados, ou pela baixa por alienação ou perecimento do investimento, devendo os resultados projetados ser objeto de verificação anual, a fim de que sejam revisados os critérios utilizados para amortização ou registrada a baixa integral do ágio; e
b) o ágio decorrente da aquisição do direito de exploração, concessão ou permissão delegadas pelo Poder Público no prazo estimado ou contratado de utilização, de vigência ou de per-

da de substância econômica, ou pela baixa por alienação ou perecimento do investimento.

§ 3º — O prazo máximo para amortização do ágio previsto na letra *a* do parágrafo anterior não poderá exceder a dez anos;

§ 4º — Quando houver deságio não justificado pelos fundamentos econômicos previstos nos parágrafos 1º e 2º, a sua amortização somente poderá ser contabilizada em caso de baixa por alienação ou perecimento do investimento.

§ 5º — O ágio não justificado pelos fundamentos econômicos, previstos nos parágrafos 1º e 2º, deve ser reconhecido imediatamente como perda, no resultado do exercício, esclarecendo-se em nota explicativa as razões da sua existência.

Art. 15 — Na elaboração do balanço patrimonial da investidora, o saldo não amortizado do ágio ou deságio deve ser apresentado no ativo permanente, adicionado ou reduzido, respectivamente, à equivalência patrimonial do investimento a que se referir.

Da diferença resultante da avaliação baseada no método da equivalência patrimonial

Art. 16 — A diferença verificada, ao final de cada período, no valor do investimento avaliado pelo método da equivalência patrimonial deverá ser apropriada pela investidora como:

I — Receita ou despesa operacional, quando corresponder:

a) a aumento ou diminuição do patrimônio líquido da coligada e controlada, em decorrência da apuração de lucro líquido ou prejuízo no período ou que corresponder a ganhos ou perdas efetivos em decorrência da existência de reservas de capital ou de ajustes de exercícios anteriores; e
b) a variação cambial de investimento em coligada e controlada no exterior.

II — Receita ou despesa não operacional, quando corresponder a eventos que resultem na variação da porcentagem de participação no capital social da coligada e controlada;

III — Aplicação na amortização do ágio em decorrência do aumento ocorrido no patrimônio líquido por reavaliação dos ativos que lhe deram origem; e

IV — Reserva de reavaliação quando corresponder a aumento ocorrido no patrimônio líquido por reavaliação de ativos na coligada e controlada, ressalvado o disposto no inciso anterior.

Parágrafo único — Não obstante o disposto no artigo 12, o resultado negativo da equivalência patrimonial terá como limite o valor contábil do investimento, conforme definido no §1º do artigo 4º desta Instrução.

Da reserva de lucros a realizar e dos dividendos e bonificações em ações recebidos pela investidora

Art. 17 — Para fins de constituição da reserva de lucros a realizar, somente poderá ser considerado como lucro a realizar o resultado líquido positivo da equivalência patrimonial sobre o conjunto dos investimentos, apurado nos termos dos incisos I e II do artigo 16.

Art. 18 — As bonificações recebidas sem custo pela investidora, quer sejam por emissão de novas ações, quer sejam por aumento do valor nominal das ações, não devem ser objeto de contabilização na conta do investimento na coligada e controlada.

Parágrafo único — Em decorrência do previsto no *caput* deste artigo, deverá ser revertida para a conta de lucros ou prejuízos acumulados a correspondente parcela que tiver sido destinada para reserva de lucros a realizar, a que se refere o artigo 17.

Art. 19 — A parcela revertida da reserva de lucros a realizar para a conta de lucros ou prejuízos acumulados, se não absorvida por prejuízos, deverá ser considerada no cálculo, em separado, do dividendo obrigatório no exercício em que for feita a reversão. O excedente poderá ser destinado para:

I — Aumento de capital;

II — Distribuição de dividendo; e

III — Constituição de outras reservas de lucros, inclusive retenção justificada em lucros acumulados, ou absorção do prejuízo do exercício, atendidas as exigências legais.

Das notas explicativas

Art. 20 — As notas explicativas que acompanham as demonstrações contábeis devem conter informações precisas das coligadas e das controladas, indicando, no mínimo:

I — Denominação da coligada e controlada, o número, espécie e classe de ações ou de cotas de capital possuídas pela investidora, o percentual de participação no capital social e no capital votante e o preço de negociação em bolsa de valores, se houver;

II — Patrimônio líquido, lucro líquido ou prejuízo do exercício, assim como o montante dos dividendos propostos ou pagos, relativos ao mesmo período;

III — Créditos e obrigações entre a investidora e as coligadas e controladas especificando prazos, encargos financeiros e garantias;

IV — Avais, garantias, fianças, hipotecas ou penhor concedidos em favor de coligadas ou controladas;

V — Receitas e despesas em operações entre a investidora e as coligadas e controladas;

VI — Montante individualizado do ajuste, no resultado e patrimônio líquido, decorrente da avaliação do valor contábil do investimento pelo método da equivalência patrimonial, bem como o saldo contábil de cada investimento no final do período;

VII — Memória de cálculo do montante individualizado do ajuste, quando este não decorrer somente da aplicação do percentual de participação no capital social sobre os resultados da investida, se relevante;

VIII — Base e fundamento adotados para constituição e amortização do ágio ou deságio e montantes não amortizados, bem como critérios, taxa de desconto e prazos utilizados na projeção de resultados;

IX — Condições estabelecidas em acordo de acionistas com respeito a influência na administração e distribuição de lucros, evidenciando os números relativos aos casos em que a proporção do poder de voto for diferente da proporção de participação no capital social votante, direta ou indiretamente;

X — Participações recíprocas existentes; e

XI — Efeitos no ativo, passivo, patrimônio líquido e resultado decorrentes de investimentos descontinuados (arts. 6º e 7º).

Das demonstrações contábeis consolidadas

Do dever de elaborar e divulgar demonstrações contábeis consolidadas

Art. 21 — Ao fim de cada exercício social, demonstrações contábeis consolidadas devem ser elaboradas por:

I — Companhia aberta que possuir investimento em sociedades controladas, incluindo as sociedades controladas em conjunto referidas no artigo 32 desta Instrução; e

II — Sociedade de comando de grupo de sociedades que inclua companhia aberta.

Art. 22 — Demonstrações contábeis consolidadas compreendem o balanço patrimonial consolidado, a demonstração consolidada do resultado do exercício e a demonstração consolidada das origens e aplicações de recursos, complementadas por notas explicativas e outros quadros analíticos necessários para esclarecimento da situação patrimonial e dos resultados consolidados.

Das controladas excluídas nas demonstrações contábeis consolidadas

Art. 23 — Poderão ser excluídas das demonstrações contábeis consolidadas, sem prévia autorização da CVM, as sociedades controladas que se encontrem nas seguintes condições:

I — Com efetivas e claras evidências de perda de continuidade e cujo patrimônio seja avaliado, ou não, a valores de liquidação; ou

II — Cuja venda por parte da investidora, em futuro próximo, tenha efetiva e clara evidência de realização devidamente formalizada.

§ 1º — Em casos especiais justificados, poderão ser ainda excluídas da consolidação, mediante prévia autorização da Comissão de Valores Mobiliários, as sociedades controladas cuja inclusão, a critério da CVM, não represente alteração relevante na unidade econômica consolidada ou que venha distorcer essa unidade econômica.

§ 2º — No balanço patrimonial consolidado, o valor contábil do investimento na sociedade controlada excluída da consolidação deverá ser avaliado pelo método da equivalência patrimonial.

§ 4º — Não será considerada justificável a exclusão, nas demonstrações contábeis consolidadas, de sociedade controlada cujas operações sejam de natureza diversa das operações da investidora ou das demais controladas.

Da elaboração das demonstrações contábeis consolidadas

Art. 24 — Para a elaboração das demonstrações contábeis consolidadas, a investidora deverá observar, além do disposto no artigo 10°, os seguintes procedimentos:

I — Excluir os saldos de quaisquer contas ativas e passivas, decorrentes de transações entre as sociedades incluídas na consolidação;

II — Eliminar o lucro não realizado que esteja incluído no resultado ou no patrimônio líquido da controladora e correspondido por inclusão no balanço patrimonial da controlada.

III — Eliminar do resultado os encargos de tributos correspondentes ao lucro não realizado, apresentando-os no ativo circulante/realizável a longo prazo — tributos diferidos, no balanço patrimonial consolidado.

Parágrafo único — No processo de consolidação das demonstrações contábeis, não poderá ser efetuada a compensação de quaisquer ativos ou passivos pela dedução de outros passivos ou ativos, a não ser que exista um direito de compensação e a compensação represente a expectativa quanto à realização do ativo e à liquidação do passivo.

Art. 25 — A participação dos acionistas não controladores no patrimônio líquido das sociedades controladas deverá ser destacada em grupo isolado, no balanço patrimonial consolidado, imediatamente antes do patrimônio líquido.

Art. 26 — O montante correspondente ao ágio ou deságio proveniente da aquisição/subscrição de sociedade controlada, não excluído nos termos do inciso I do artigo 24, deverá:

I — Quando decorrente da diferença prevista no parágrafo 1° do artigo 14, ser divulgado como adição ou retificação da conta utilizada pela sociedade controlada para registro do ativo especificado; e

II — Quando decorrente da diferença prevista no § 2º do artigo 14:

a) ser divulgado em item destacado no ativo permanente, quando representar ágio; e
b) ser divulgado em conta apropriada de resultados de exercícios futuros, quando representar deságio.

Art. 27 — A parcela correspondente à provisão para perdas constituída na investidora deve ser deduzida do saldo da conta da controlada que tenha dado origem à constituição da provisão, ou apresentada como passivo exigível, quando representar expectativa de conversão em exigibilidade.

Art. 28 — Para a elaboração da demonstração consolidada do resultado do exercício a investidora deverá:

I — Incluir os resultados de sociedade controlada, adquirida ou vendida no transcorrer do exercício social, tomando por base a data do respectivo registro ou baixa nos seus investimentos permanentes; e

II – Excluir todas as receitas e despesas decorrentes de negócios entre a investidora e as sociedades controladas, bem como entre estas.

Art. 29 — A participação dos acionistas não controladores no lucro líquido ou prejuízo do exercício das controladas deverá ser destacada e apresentada, respectivamente, como dedução ou adição ao lucro líquido ou prejuízo consolidado.

Art. 30 — A demonstração consolidada das origens e aplicações dos recursos deverá ser elaborada de maneira consistente com o contido nesta Instrução.

Das notas explicativas às demonstrações contábeis consolidadas

Art. 31 — As notas explicativas que acompanham as demonstrações contábeis consolidadas devem conter informações precisas das controladas, indicando:

I — Critérios adotados na consolidação e as razões pelas quais foi realizada a exclusão de determinada controlada;

II — Eventos subseqüentes à data de encerramento do exercício social que tenham, ou possam vir a ter, efeito relevante sobre a situação financeira e os resultados futuros consolidados;

III — Efeitos, nos elementos do patrimônio e resultado consolidados, da aquisição ou venda de sociedade controlada, no transcorrer do exercício social, assim como da inserção de controlada no processo de consolidação, para fins de comparabilidade das demonstrações contábeis; e

IV — Eventos que ocasionaram diferença entre os montantes do patrimônio líquido e lucro líquido ou prejuízo da investidora, em confronto com os correspondentes montantes do patrimônio líquido e do lucro líquido ou prejuízo consolidados.

Da consolidação das demonstrações contábeis de sociedades controladas em conjunto

Art. 32 — Os componentes do ativo e passivo, as receitas e as despesas das sociedades controladas em conjunto deverão ser agregados às demonstrações contábeis consolidadas de cada investidora, na proporção da participação destas no seu capital social.

§ 1º — Considera-se controlada em conjunto aquela em que nenhum acionista exerce, individualmente, os poderes previstos no artigo 3º desta Instrução.

§ 2º — No caso de uma das sociedades investidoras passar a exercer direta ou indiretamente o controle isolado sobre a sociedade controlada em conjunto, a controladora final deverá passar a consolidar integralmente os elementos do seu patrimônio.

Art. 33 — Em nota explicativa às demonstrações contábeis consolidadas, referidas no artigo anterior, deverão ser divulgados ainda o montante dos principais grupos do ativo, passivo e os resultado das sociedades controladas em conjunto, bem como o percentual de participação em cada uma delas.

Art. 34 — Aplica-se o disposto nos artigos 23 a 31 à elaboração das demonstrações contábeis consolidadas de sociedades controladas em conjunto, no que não colidir com as normas previstas nos artigos 32 e 33.

Das disposições finais

Art. 35 — As demonstrações contábeis consolidadas e respectivas notas explicativas serão objeto de exame e de parecer de auditores independentes.

Parágrafo único — A auditoria referida no *caput* deste artigo deverá incluir o exame das demonstrações contábeis de todas as controladas, abertas ou fechadas, incluídas na consolidação, realizado por auditor registrado nesta Comissão.

Art. 36 — As demonstrações contábeis consolidadas, assim como as notas explicativas e quadros analíticos, referidos nesta Instrução, integram, em cada exercício social, as demonstrações contábeis da companhia aberta investidora ou da sociedade de comando de grupo de sociedades que inclua companhia aberta.

Art. 37 — A companhia aberta filiada de grupo de sociedades deve indicar, em nota explicativa às suas demonstrações contábeis, o órgão e, se possível, a data de publicação das demonstrações contábeis consolidadas da sociedade de comando de grupo de sociedades a que estiver filiada.

Art. 38 — Os ajustes iniciais, decorrentes das alterações introduzidas por esta Instrução, deverão ser registrados como receita ou despesa de equivalência patrimonial, no resultado não operacional, com divulgação do fato e os valores envolvidos em nota explicativa.

§ 1º — Aplica-se, ainda, o disposto no *caput* deste artigo aos investimentos que, por se tornarem relevantes, passarem a ser avaliados pelo método da equivalência patrimonial.

§ 2º — O disposto neste artigo não implicará reelaboração das demonstrações contábeis individuais ou consolidadas relativas ao exercício social anterior.

Art. 39 — As companhias abertas deverão manter em boa ordem, pelo prazo de 3 (três) anos e por quaisquer meios adequados, a guarda dos papéis de trabalho e memórias de cálculo relativos à elaboração de suas demonstrações contábeis consolidadas.

Parágrafo único — O descumprimento ao disposto aos artigos 1º, 21, 32 e 35 desta Instrução será considerado falta grave, para fins do artigo 11 da LEI nº 6.385, de 7 de dezembro de 1976, ensejando a aplicação das penalidades previstas na legislação pertinente.

Art. 40 — Todas as disposições relativas às sociedades coligadas contidas nesta Instrução aplicam-se ainda às sociedades equiparadas, conforme definição contida no parágrafo único do artigo 2º.

Art. 41 — Esta Instrução entra em vigor na data de sua publicação, aplicando-se às demonstrações contábeis relativas aos exercícios sociais a se encerrarem a partir de 1º de dezembro de 1996, quando ficarão revogadas as Instruções CVM nº 01, de 27 de abril de 1978, nº 15, de 03 de novembro de 1980, nº 30, de 17 de janeiro de 1984, o artigo 2º da Instrução CVM nº 170, de 03 de janeiro de 1992, e as demais disposições em contrário.

Parágrafo único — Adaptam-se à presente Instrução as demais normas da CVM que tratam dessa matéria.

Anexo B – Nota Explicativa à Instrução CVM nº 247/96

Introdução

A evolução da prática contábil internacional, desde a emissão das Instruções CVM nº 01/78 e nº 15/80, tornou imprescindível a realização de uma revisão das referidas normas, com o objetivo de atualizá-las.

Com o processo de globalização dos mercados e com o incremento dos fluxos de capitais, tanto aqueles diretamente aportados no Brasil, quanto aqueles obtidos por entidades brasileiras no mercado internacional, cresceu também a necessidade de harmonização dos procedimentos contábeis e do nível de divulgação feito pelas companhias abertas.

Neste sentido, a atual instrução buscou não apenas corrigir e consolidar as referidas Instruções nº 01/78 e nº 15/80, como também incorporar alguns avanços que já fazem parte das práticas internacionais.

Cabe ressaltar, no entanto, a existência de outros procedimentos contábeis que não foram contemplados na presente instrução em virtude da sua impossibilidade legal, uma vez que a adoção desses procedimentos somente poderia ser feita com a devida alteração da lei societária (Lei nº 6.404/76).

Ao longo desta Nota Explicativa, vamos ressaltar alguns deles.

Avaliação dos investimentos em controladas/coligadas

Do método da equivalência patrimonial

A principal alteração ocorrida neste tópico foi a extensão da aplicação do método da equivalência patrimonial (MEP) às sociedades equiparadas às sociedades coligadas, conforme definição contida no parágrafo único do artigo 2º.

Foi ainda referido que o MEP aplica-se tanto às investidas (controladas, coligadas e equiparadas) no país, quanto no exterior (art. 1º).

Das coligadas e controladas

Os padrões internacionais determinam que a equivalência patrimonial seja aplicada aos investimentos em controladas e nas demais empresas em que haja influência significativa. Presume-se essa influência significativa quando o investimento representar 20% ou mais do capital **votante** da coligada. Nos casos de participação inferior a 20%, a influência significativa tem de ser comprovada.

A presente instrução, no entanto, mantém a definição de coligada contida na Instrução CVM nº 01/78, ou seja, quando uma sociedade participa com 10% ou mais do capital social da outra, sem controlá-la.

Esta definição está também contida na Lei nº 6.404/76, sendo que sua compatibilização com os padrões internacionais acima referidos implicaria alteração da própria lei societária.

Por outro lado, tendo em vista que não existe qualquer restrição na referida lei, foi introduzido o conceito da avaliação pelo MEP nos investimentos em sociedades equiparadas às sociedades coligadas (art. 2º, parágrafo único). A instrução considera equiparada às coligadas aquela sociedade que participa:

- *indiretamente* com 10% ou mais do capital *votante* da outra, sem controlá-la;
- *diretamente* com 10% ou mais do capital *votante* da outra, sem controlá-la, independentemente do percentual de participação no capital total, ou seja, mesmo que esse percentual seja inferior a 10% do capital total.

Expandem-se, assim, o conceito e a aplicação do método da equivalência patrimonial. Deve ser ressaltado, no entanto, que os investimentos em sociedades equiparadas estão também inseridos no conceito de relevância estabelecido no artigo 4º da Instrução.

O artigo 3º inclui duas novas definições de controladas, a saber:

a) entidades constituídas no exterior sob a forma de filial, agência, sucursal, dependência ou representação, desde que os seus ativos e passivos não estejam, por força de normatização específica, incluídos na contabilidade da investidora;
b) as sociedades que estejam sob controle comum ou que sejam controladas mediante acordo de votos, independentemente do percentual de participação no capital votante.

Assim, por exemplo, se a *holding* de um determinado conglomerado econômico possuir investimentos em uma controlada que detenha participações (mesmo que não-relevantes ou que não caracterizem coligação) em outras empresas controladas por essa *holding*, esses investimentos devem ser avaliados pelo MEP.

Da determinação da relevância do investimento

A presente instrução praticamente mantém as regras para determinação da relevância do investimento. Foi eliminada a disposição que fazia referência à relevância dos investimentos em controladas (inciso VI, letra *b*, da Instrução CVM nº 01/78), uma vez que todo o investimento em controlada, independentemente de sua relevância ou não, deve ser avaliado pelo MEP (art. 4º, I e II).

O §2º do artigo 4º contempla que, na determinação da relevância, sejam incluídos os créditos da investidora contra suas coligadas/controladas. Anteriormente, a norma fazia referência aos "créditos de qualquer natureza". Conceitualmente, só devem ser incluídos neste cálculo os créditos de natureza não-operacional, como os adiantamentos para futuro aumento de capital e os empréstimos. Tendo em vista que o que se procura alcançar com esta disposição são os investimentos que não estejam sob forma de ações, os créditos operacionais normais, como contas a receber, não devem ser considerados.

Embora não esteja especificamente contemplado na Instrução, o entendimento desta CVM é que o cálculo da relevância da equivalência patrimonial, por uma questão de simplicidade, deve ser efetuado antes de se computar o resultado da respectiva equivalência patrimonial.

Dos investimentos a serem avaliados pelo método da equivalência patrimonial

Neste tópico foram incluídas várias disposições que não estavam contempladas na norma anterior, a saber:

a) os investimentos em sociedades equiparadas às sociedades coligadas devem ser também avaliados pelo MEP, mantidas as condições de relevância e influência previstas para os investimentos em coligadas (art. 5º, II);

b) o parágrafo único do artigo 5º apresenta uma relação de fatos que caracterizam a existência de influência na administração da coligada. Esta relação é exemplificativa, podendo evidentemente haver outros casos não contemplados;

c) os investimentos em coligadas e controladas que possuem clara e efetiva evidência de descontinuidade não devem ser avaliados pelo MEP. São aquelas empresas que estão em processo de liquidação, extinção ou que estejam operando sob severas restrições a longo prazo, que prejudicam a sua capacidade de transferir fundos (art. 6º);

d) no caso de investimentos em controladas/coligadas que estejam operando normalmente, em que haja evidência de venda em futuro próximo, deve ser mantido o critério de avaliação pelo MEP até a data-base considerada para a venda (art. 7º);

e) o parágrafo único do artigo 8º prevê que, no caso de descontinuidade de avaliação pelo MEP, os saldos das reservas de reavaliação relacionadas ao investimento a ser descontinuado deverão ser revertidos contra o respectivo valor contábil desse investimento.

Deve ser ainda ressaltado que foi excluída da presente instrução a disposição contida na letra *c*, do inciso IX, da Instrução CVM nº 01/78. Aquela disposição determinava que os investimentos em coligadas, mesmo quando não relevantes ou influentes, fossem avaliados pelo MEP, desde que representassem, no conjunto, 15% ou mais do patrimônio líquido da investidora. Esse procedimento não se coaduna com a filosofia que norteia a aplicação do MEP, que é a existência de controle ou, mais especificamente, da influência na administração.

Dos procedimentos de avaliação de investimentos pelo método da equivalência patrimonial

O artigo 9º apresenta uma alteração bastante significativa no cálculo da equivalência patrimonial quando existem lucros não-realizados na investida. Anteriormente, esse cálculo contemplava os seguintes passos:

- determinação do valor do patrimônio líquido da investida;
- exclusão do montante dos resultados não-realizados;
- aplicação, sobre esse valor líquido, do percentual de participação na investida.

Essa forma de cálculo contém um erro conceitual: ao eliminarmos todo o resultado não realizado antes da aplicação do percentual de participação, estaríamos considerando que esse é um resultado não-realizado tanto para a empresa investidora/controladora quanto para os demais acionistas.

Isto não é verdadeiro, porque só existe a figura de "lucro não-realizado" na relação entre a empresa investidora e as suas controladas/coligadas ou entre estas últimas. Para os demais sócios/acionistas da investida o lucro é efetivo, realizado.

A presente instrução contempla uma nova forma de cálculo (art. 9º, I e II): primeiro aplica-se o percentual de participação sobre o patrimônio líquido para, desse montante, subtraírem-se os lucros não-realizados.

Exemplificando:

PL da controlada ($)	1.200
Percentagem de participação	60
Lucros não-realizados ($)	200
Valor contábil do investimento ($)	500

Cálculo da equivalência patrimonial

Anterior		Atual	
PL	1.200	PL	1.200
(–) Lucros não-realizados	(200)	Percentagem de participação	60
PL ajustado	1.000	PL ajustado	720
Percentagem de participação	60	(–) Lucros não-realizados	(200)
Total do invest.	600	Total do invest.	520
Vr. cont. invest.	500	Vr. cont. invest.	500
Res. equiv. pat.	100	Res. equiv. pat.	20

Um outro aspecto relevante a ser ressaltado é que, pela nova instrução, apenas os lucros não-realizados são eliminados (art. 9º, §1º). Os prejuízos decorrentes de transações com investidora, controladas e coligadas não devem ser eliminados no cálculo da equivalência patrimonial (art. 9º, §2º).

Na minuta de instrução colocada em audiência pública estava previsto que, na aplicação do método da equivalência patrimonial, deveria ser ainda eliminado o lucro não-realizado que está refletido no resultado/patrimônio líquido da sociedade investidora/controladora. Presentemente, esse lucro é somente eliminado para fins de consolidação. A referida minuta de instrução previa, ainda, que, enquanto não-realizado, esse lucro seria registrado em conta de resultado de exercício futuro.

Neste caso, procurava-se atender, de uma forma mais ampla, ao Princípio da Entidade (não a entidade em seu conceito jurídico, e sim dentro da visão econômica da empresa, que pode reunir várias entidades jurídicas dentro de uma mesma dimensão econômica). Entretanto, embora conceitualmente correto, o artigo 10º da minuta colocada em audiência pública suscitou dúvidas quanto à sua fundamentação jurídica. Dessa forma, por entender que a sua correta aplicação demandaria adicionalmente uma alteração da lei societária, optou esta CVM por excluí-la da versão final, mantendo a regra da eliminação desse lucro não-realizado apenas nas demonstrações consolidadas.

Os §§2º e 3º do artigo 10º estabelecem que, para fins de equivalência patrimonial, o período de abrangência das demonstrações contábeis da investida deve ser idêntico ao da investidora. Admite-se, no entanto, a utilização de períodos não-idênticos, desde que possibilite a apresentação de informações de melhor qualidade.

Das perdas permanentes em investimentos avaliados pelo método da equivalência patrimonial

As alterações feitas neste tópico dizem respeito à necessidade de constituição de provisão para perdas, quando existir passivo a descoberto e houver intenção manifesta da investidora de manter o seu apoio à investida (art. 12, §1º). A provisão para perdas deve ser apresentada no ativo permanente por dedução do valor contábil do investimento (nele incluídos o ágio e o deságio não amortizados), sendo o excedente apresentado em conta específica no passivo (art. 1º, §2º).

Do ágio ou deságio na aquisição de investimento avaliado pelo método da equivalência patrimonial

Alguns esclarecimentos e alterações importantes foram feitos neste tópico. A primeira alteração, e talvez a principal delas, trata da existência de ágio/deságio na subscrição de ações.

Até algum tempo atrás, era entendimento de muitas pessoas que o ágio e o deságio somente surgiam quando havia uma aquisição das ações de uma determinada empresa (transação direta entre vendedor e comprador). Hoje, entretanto, já existe o entendimento de que o ágio ou o deságio podem também surgir em decorrência de uma subscrição de capital.

Em um processo de subscrição de ações, quando há alteração no percentual de participação, o entendimento era de que a parcela subscrita que ultrapassasse o valor patrimonial das ações constituía uma perda de capital na investidora (e um ganho na empresa cuja participação estava sendo diminuída), e essa perda/ganho deveria ser contabilizada, no resultado não-operacional, como variação de percentual de participação. Posteriormente, verificou-se que, quando essa parcela subscrita decorre, por exemplo, da subavaliação no valor contábil dos bens, existe a figura do ágio na investidora, mesmo que não tenha havido uma negociação direta com terceiros.

Vejamos essa questão através de um exemplo.

Posição inicial

Cia. XYZ (investida)

Ativo imobilizado = 2.000 | Capital (1.000 ações x 2,00) = 2.000

Cia. A (investidora)

% de participação = 700 ações / 1.000 ações =	70%	
Investimento XYZ =	1.400	Capital = 1.400

Cia. B (investidora)

% de participação = 300 ações / 1.000 ações =	30%	
Investimento XYZ = 600		Capital = 600

Aumento de capital por emissão de 400 novas ações totalmente subscritas e integralizadas pela Cia. B. Preço de emissão de $ 3 cada ação, considerando o valor de mercado dos ativos no montante de $ 3 mil.

Cia. XYZ

Caixa	1.200	Capital (1.400 ações × $ 2)	2.800
Imobilizado	2.000	Reserva de ágio	400
	3.200		3.200

Cia. A (investidora)

% de participação $\frac{700 \text{ ações}}{1.400 \text{ ações}}$ 50%

Investimento anterior (70% de 2.000) =	1.400
Investimento atual (50% de 3.200) =	1.600
Diferença	200

Cia. B (investidora)

% de participação $\frac{700 \text{ ações}}{1.400 \text{ ações}}$ 50%

Investimento anterior	(30% de 2.000) =	600
Integralização	(400 ações × $ 3) =	1.200
		1.800
Investimento atual	(50% de 3.200) =	1.600
Diferença		(200)

O entendimento anterior era de que, em função da variação do percentual de participação, a nova equivalência patrimonial revelava um ganho de variação para a Cia. A e, conseqüentemente, uma perda na Cia. B, que deveriam ser contabilizados de imediato nos resultados dos investidores. A explicação para a perda estava baseada na seguinte construção:

- ao aumentar o percentual de participação de 30% para 50%, a Cia. B passou a "ganhar", em relação à Cia. A, 20% do patrimônio líquido anterior ao aumento (20% de 2.000 = 400);
- ao mesmo tempo, ao subscrever a nova emissão por um valor acima do valor patrimonial, ela estaria entregando para a Cia. A 50% do novo valor investido (50% de 1.200 = 600);
- portanto a Cia. B estaria incorrendo em uma "perda" líquida no valor de 200 (400 — 600).

Esse entendimento não é verdadeiro. Na realidade, a Cia. B pagou uma parcela adicional em função de uma mais-valia dos bens, que não está refletida nos registros contábeis da Cia. XYZ. Só que não o fez diretamente aos proprietários das ações (Cia. A). Portanto o que existe neste caso é a figura do ágio com fundamento nesta mais-valia, e isto é fácil de verificar.

Imaginemos que a Cia. XYZ tenha reavaliado seus ativos antes do aumento de capital. Neste caso, a situação seria a seguinte:

Cia. XYZ (investida)

Ativo imobilizado =	3.000	Capital (1.000 ações × $ 2) =	2.000
		Reserva de reavaliação =	1.000
			3.000

Cia. A (investidora)

Investimento (70% de 3.000) =	2.100	Capital =	1.400
		Reserva de reavaliação (70% de 1.000) =	700
			2.100

Cia. B (investidora)

Investimento (30% de 3.000) =	900	Capital =	600
		Reserva de reavaliação (30% de 1.000) =	300
			900

Aumento de capital

Cia. XYZ

Caixa =	1.200	Capital (1.400 ações × $ 2) =	2.800
Imobilizado =	3.000	Reserva de reavaliação =	1.000
		Reserva de ágio =	400
	4.200		4.200

Cia. A (investidora)

Investimento anterior	(70% de 3.000) =	2.100
Investimento atual	(50% de 4.200) =	2.100
Diferença		0

Obs.: Neste caso devemos reverter parte da reserva de reavaliação, anteriormente contabilizada, uma vez que a Cia. A "possui" apenas 50% desta reserva.

Cia. B (investidora)

Investimento anterior	(30% de 3.000) =	900
Integralização	(400 ações x $ 3) =	1.200
		2.100
Investimento atual	(50% de 4.200) =	2.100
Diferença		0

Obs.: Pode-se verificar, neste caso, que não existe a figura da "perda" no investimento e que, uma vez que o fundamento econômico que sustenta o ágio foi objeto de contabilização na investida, não existe, também, a figura do ágio. Aliás, esse fato ficaria igualmente evidenciado caso a reavaliação fosse feita posteriormente à emissão das ações.

Uma outra modificação introduzida pela nova instrução é que ela prevê apenas dois tipos de ágio e deságio com fundamento econômico:

- ágio/deságio decorrente da diferença entre o valor de mercado dos bens e respectivo valor contábil;
- ágio/deságio em função de expectativa de resultado futuro (art. 14, §§1º e 2º). A existência de ágio por fundo de comércio, intangíveis etc. está diretamente relacionada à expectativa de rentabilidade futura.

Por outro lado, nos casos de ágio ou deságio sem fundamentação econômica justificada, a instrução determina que o primeiro seja imediatamente reconhecido como perda no resultado do exercício (art. 14, §5º), enquanto que o deságio somente poderá ser amortizado quando da baixa por alienação ou perecimento do investimento. (art. 14, §4º).

Foi estabelecido, ainda, um prazo máximo de 10 anos para amortização do ágio decorrente de perspectiva de rentabilidade futura (art. 14, §3º).

Da diferença resultante da avaliação baseada no método da equivalência patrimonial

Embora já seja a prática adotada até o presente, a Instrução deixa claro que os ganhos e as perdas efetivos em decorrência da existência de reservas de capital ou de ajustes de exercícios anteriores devem ser computados no resultado do exercício como receita/despesa operacional (art. 16, I, *a*). Também deve ser considerada operacional a variação cambial do investimento em coligadas e controladas no exterior (art. 16, I, *b*).

O artigo 17, em consonância com o entendimento que vem sendo aplicado por esta comissão ao longo do tempo, prevê que, na constituição da reserva de lucros a realizar, somente poderá ser considerado lucro a realizar o resultado líquido positivo da equivalência patrimonial, considerando-se, para tanto, a soma algébrica do resultado do conjunto dos investimentos em controladas/coligadas.

Dos dividendos e bonificações em ações recebidos pela investidora

Ampliando a utilização da parcela realizada da reserva de lucros a realizar, o artigo 19, inciso III, prevê a possibilidade da sua destinação, após computado o dividendo obrigatório, para a constituição de outras reservas de lucros, inclusive retenção em lucros acumulados, ou para absorção de prejuízo do exercício.

Das notas explicativas

O artigo 20 mantém algumas das exigências da Instrução anterior, requerendo, adicionalmente, as seguintes outras informações em relação às coligadas/controladas:

- avais, garantias, fianças, hipotecas ou penhor concedidos pela investidora;
- montante dos dividendos propostos ou pagos no exercício;
- memória de cálculo da equivalência;
- critérios, taxa de desconto e prazos utilizados na projeção de resultado que justifica a existência de ágio/deságio;
- participações recíprocas existentes;
- efeitos decorrentes de investimentos descontinuados.

Das demonstrações contábeis consolidadas

Do dever de elaborar e divulgar demonstrações contábeis consolidadas

Neste tópico foram feitas duas alterações bastante significativas:

- a consolidação passa a ser obrigatória para todas as companhias abertas, independentemente da representatividade do investimento em relação ao patrimônio líquido da controladora. A CVM entende (e este é também um posicionamento internacional) que as demonstrações consolidadas fornecem maior e melhor informação, de natureza financeira e econômica, a respeito da empresa controladora do que as suas demonstrações individuais. Assim, exercendo o poder conferido pelo artigo 291, parágrafo único, da Lei nº 6.404/76, a CVM resolveu eliminar o percentual de 30% contido na instrução anterior (art. 21, I);
- também em linha com os padrões internacionais, está sendo introduzida a obrigatoriedade da consolidação proporcional no caso de investimento em sociedades controladas em conjunto (art. 21, I).

Das sociedades controladas excluídas das demonstrações consolidadas

O artigo 23 estabelece os casos em que as sociedades controladas poderão ser excluídas da consolidação, sem que seja necessária a prévia autorização da CVM (incisos I e II). Estabelece, ainda, que poderão ser excluídas, mediante autorização prévia, outras controladas, cuja inclusão, a critério da CVM, não represente alteração relevante na unidade econômica consolidada (§1º).

Um outro aspecto importante, e também em linha com as práticas internacionais, é que não devem ser excluídas da consolidação controladas cujas operações sejam de natureza diversa das operações da controladora ou das demais controladas (art. 23, §3º).

Da elaboração das demonstrações contábeis consolidadas

Não houve alteração quanto aos procedimentos a serem adotados na consolidação.

Das notas explicativas às demonstrações contábeis consolidadas

A única inclusão feita neste tópico refere-se à divulgação dos efeitos, no patrimônio líquido e resultado consolidados, decorrentes da aquisição ou venda de sociedade controlada no transcorrer do exercício, assim como da inclusão de uma nova controlada no processo de consolidação, para fim de comparabilidade das demonstrações consolidadas (art. 31, III). As demais exigências foram mantidas.

Da consolidação das demonstrações contábeis de sociedades controladas em conjunto

Neste tópico estão previstos os procedimentos que devem ser adotados para a elaboração de demonstrações consolidadas que englobam as sociedades controladas em conjunto (arts. 32 a 34). Define-se, ainda, como sociedade controlada em conjunto aquela em que nenhum acionista exerce, individualmente, os poderes previstos no artigo 3º da instrução.

Essas disposições alcançam, principalmente, as denominadas *joint-ventures*, em que, mediante existência de acordo contratual e de parcelas proporcionais de participação, duas ou mais entidades empreendem uma atividade econômica subordinada a um controle conjunto.

Disposições finais

O principal aspecto a ser ressaltado é quanto à obrigatoriedade de serem auditadas, por auditor independente registrado na CVM, todas as controladas incluídas na consolidação. Neste sentido, o ideal seria que esse exame fosse efetuado pelo mesmo auditor da controladora; quando isso não for possível, é imprescindível que o auditor da controlada coloque seus papéis de trabalho à disposição do auditor da controladora (art. 35, parágrafo único).

A instrução prevê ainda que os ajustes iniciais, decorrentes das alterações na aplicação do método da equivalência patrimonial, devem ser registrados no resultado do período, como receita/despesa não-operacional, com a divulgação do fato e dos valores envolvidos (art. 38).

Por fim, as disposições contidas na instrução somente se tornam obrigatórias para as demonstrações relativas ao exercício social findo a partir de 1º de dezembro de 1996, quando então ficarão revogadas as instruções atuais que tratam da matéria.

Anexo C – Instrução CVM nº 408/04

Art. 1º — Para fins do disposto na Instrução CVM nº 247, de 27 de março de 1996, as demonstrações contábeis consolidadas das companhias abertas deverão incluir, além das sociedades controladas, individualmente ou em conjunto, as entidades de propósito específico (EPE), quando a essência de sua relação com a companhia aberta indicar que as atividades dessas entidades são controladas, direta ou indiretamente, individualmente ou em conjunto, pela companhia aberta.

Parágrafo único — Considera-se que existem indicadores de controle das atividades de uma EPE quando tais atividades forem conduzidas em nome da companhia aberta ou substancialmente em função das suas necessidades operacionais específicas, desde que, alternativamente, direta ou indiretamente:

I — a companhia aberta tenha o poder de decisão ou os direitos suficientes à obtenção da maioria dos benefícios das atividades da EPE, podendo, em conseqüência, estar exposta aos riscos decorrentes dessas atividades; ou

II — a companhia aberta esteja exposta à maioria dos riscos relacionados à propriedade da EPE ou de seus ativos.

Art. 2º — As participações societárias em EPE incluídas na consolidação deverão ser avaliadas pelo método de equivalência patrimonial, nos termos da Instrução CVM nº 247, de 1996.

Parágrafo único — Os ajustes decorrentes das alterações produzidas pela aplicação do método de equivalência patrimonial previstos neste artigo não constituem ajustes de exercícios anteriores, devendo ser registrados conforme o disposto na Instrução nº 247, de 1996.

Art. 3º — Em nota explicativa às suas demonstrações contábeis consolidadas, a companhia aberta deverá divulgar, além das informações requeridas nos arts. 20 e 31 da Instrução CVM nº 247, de 1996, no que for aplicável, as seguintes informações:

I — natureza, propósito e atividades da EPE;

II — a natureza do seu envolvimento com a EPE;

III — o tipo de exposição a perdas decorrentes desse envolvimento com a EPE; e

IV — o tipo e o valor dos ativos consolidados que tenham sido dados em garantia das obrigações da EPE.

Art. 4º — A companhia aberta que tenha direitos suficientes à obtenção de benefícios relevantes das atividades da EPE, ou que esteja exposta a riscos também relevantes, relacionados às atividades da EPE ou de seus ativos, sem, contudo, enquadrar-se no disposto no art. 1º, deverá divulgar, em nota explicativa, as seguintes informações:

I — a natureza, o propósito e as atividades da EPE;

II — a natureza do seu envolvimento com a EPE;

III — o tipo de exposição a perdas decorrentes desse envolvimento com a EPE;

IV — a identificação do beneficiário principal ou grupo de beneficiários principais das atividades da EPE; e

V — as informações requeridas no art. 20 da Instrução CVM nº 247, de 1996, no que couber.

Parágrafo único — Para os efeitos do *caput* deste artigo, não serão consideradas como EPE entidades com autonomia operacional e financeira, tais como clientes e fornecedores da companhia aberta, sem prejuízo do disposto na Deliberação CVM nº 26, de 5 de fevereiro de 1986.

Art. 5º — As companhias abertas com exercício social encerrado até 31 de dezembro de 2004 devem divulgar, em nota explicativa às respectivas demonstrações contábeis, no mínimo, as seguintes informações:

I — denominação, natureza, propósito e atividades desenvolvidas pela EPE;

II — participação no patrimônio e nos resultados da EPE;

III — natureza de seu envolvimento com a EPE e tipo de exposição a perdas, se houver, decorrentes desse envolvimento;

IV — montante e natureza dos créditos, obrigações, receitas e despesas entre a companhia e a EPE, ativos transferidos pela companhia e direitos de uso sobre ativos ou serviços da EPE;

V — total dos ativos, passivos e patrimônio de cada EPE;

VI — avais, fianças, hipotecas ou outras garantias concedidas em favor da EPE; e

VII — a identificação do beneficiário principal ou grupo de beneficiários principais das atividades da EPE, na hipótese a que se refere o art. 4º.

Art. 6º — Ressalvado o disposto no artigo anterior, as companhias abertas deverão observar as demais disposições desta Instrução nas demonstrações contábeis consolidadas relativas aos exercícios sociais encerrados a partir de 1º de janeiro de 2005, facultada a sua aplicação imediata.

Parágrafo único — Para fins de comparabilidade, as demonstrações contábeis consolidadas do exercício anterior deverão ser divulgadas incluindo as EPE existentes à época em que essas demonstrações foram originalmente elaboradas.

Anexo D – Nota Explicativa à Instrução CVM nº 408/04

Introdução às EPEs

Uma entidade pode ser constituída para realizar um propósito específico e bem definido, como, por exemplo, efetuar um arrendamento mercantil, desenvolver atividades de pesquisa e desenvolvimento, de exploração de energia elétrica ou térmica, gás ou uma securitização de ativos financeiros. Tal entidade de propósito específico (EPE) pode ter a forma de companhia, fundação, sociedade ou, ainda, uma outra que não seja uma forma societária usual. Freqüentemente são criadas EPEs com disposições legais, estatutária ou contratuais que impõem limites rígidos ao processo de tomada de decisões de seus órgãos pelos seus gestores. Essas disposições geralmente especificam que a política que guia as atividades contínuas da EPE não pode ser modificada, a não ser, talvez, por seu instituidor ou patrocinador, ou seja, elas operam em um mecanismo denominado "piloto automático" (*autopilot*).

O patrocinador ou a entidade em cujo benefício a EPE foi criada pode transferir ativos à EPE, obter o direito de executar serviços ou de usar os ativos por ela possuídos, enquanto outras partes, consideradas "fornecedores de capital", podem prover os recursos para financiamento da Entidade de Propósito Específico, cobrando por esses recursos uma espécie de aluguel, tarifa ou mesmo uma participação nos resultados. Uma companhia que mantém transações com uma EPE, normalmente o instituidor ou o patrocinador, pode substancialmente controlá-la.

A constituição de uma EPE busca, muitas das vezes, a utilização de oportunidades de financiamento mediante a segregação dos riscos específicos dos ativos ou de atividades dos riscos globais da empresa beneficiada pela sua criação. A participação nos benefícios por ela gerados pode, por exemplo, tomar a forma de um instrumento de dívida, de um instrumento patrimonial, de um direito de participação, de uma participação residual ou de um arrendamento. Alguns interesses nesses benefícios simplesmente podem retribuir o proprietário com uma taxa de retorno fixa ou declarada, enquanto outras dão ao proprietário direito ou acesso a outros benefícios econômicos futuros das atividades da EPE. Na maioria dos casos, o instituidor ou patrocinador retém uma participação significativa nos benefícios das atividades da EPE, embora possa ter uma parcela pequena ou nenhuma participação no patrimônio seu líquido.

O dever de consolidar

A Lei das Sociedades por Ações, em seu artigo 249, parágrafo único, alínea *a*, dá poderes à CVM para expedir normas que determinem a inclusão, nas demonstrações contábeis consolidadas das companhias abertas, de entidades que, embora não controladas, sejam financeira ou administrativamente dependentes da companhia. Além disso, a estrutura conceitual básica da contabilidade, aprovada pela Deliberação CVM nº 29/

86, como também os princípios fundamentais de contabilidade aprovados pela Resolução CFC nº 750/93, requerem que as transações e outros eventos sejam contabilizados de acordo com sua essência e realidade econômica, e não somente pela sua forma legal. Na estrutura conceitual está mencionado que uma "entidade, em sua dimensão organizacional, pode ser encarada como uma pessoa ou grupo de pessoas exercendo controle sobre receitas e despesas, sobre investimentos e distribuições". Isso significa controle sobre as atividades e sobre os benefícios decorrentes dessas atividades, podendo esse controle ser exercido tanto por uma entidade isolada quanto por um conjunto de entidades, sem haver, necessariamente, controle acionário ou mesmo qualquer participação no capital social.

O objetivo desta norma não é restringir nem inviabilizar a utilização de entidades de propósito específico, mas aprimorar a divulgação das informações financeiras das companhias abertas. A CVM entende que, se independentemente da existência de participação societária, uma companhia controla de fato uma EPE, os ativos, os passivos e os resultados das atividades dessa entidade devem estar incluídos nas demonstrações contábeis consolidadas da controladora. Além disso, para fins do processo de consolidação, é essencial que, havendo participação societária, esses investimentos sejam avaliados pelo MEP, sendo, os resultados obtidos pela EPE, apresentados na controladora no mesmo exercício em que foram gerados, atendendo, assim, ao princípio da competência dos exercícios.

Justificativa para a aplicação do método de equivalência patrimonial e a consolidação das informações contábeis

O objetivo de produzir informação contábil satisfatória para o usuário do mercado de capitais está baseado na capacidade de a companhia aberta apresentar demonstrações contábeis com elementos que suportem a qualidade dos seus resultados e da sua posição financeira, além de permitir avaliar a atuação da sua administração sobre os recursos que lhe foram confiados. O processo de consolidação e divulgação das informações contábeis e a aplicação do MEP são partes importantes na busca dessa qualidade da informação contábil, por meio da inclusão de todas as relações econômicas que, substancialmente, possam influir sobre o desempenho da empresa (a esse respeito, pode ser consultado o parágrafo 8º do Standing Interpretations Committee — SIC12).

O processo de consolidação dessas informações é hoje regulado pela Instrução CVM nº 247/96, que requer a consolidação integral de entidades controladas ou consolidação proporcional de entidades controladas em conjunto. Para ser requerida a consolidação, tem sido considerada necessária a existência de vínculo societário entre a controladora e suas controladas. Entretanto transações envolvendo EPE têm se tornado cada vez mais comum nos dias de hoje, e o enfoque da consolidação, com base exclusivamente no capital votante, tem se mostrado algumas vezes ineficaz na identificação do controle efetivo sobre a atividade econômica. A Instrução CVM nº 247 não fornece orientação específica quanto à obrigatoriedade da inclusão dessas entidades nas demonstrações contábeis consolidadas, tornando-se necessária a emissão de norma específica sobre essa matéria.

Atualmente nos deparamos com diversas situações em que uma entidade detém, de fato, o controle sobre as atividades e sobre os benefícios de outra, sem que necessariamente exista vínculo ou participação societária direta ou mesmo indireta. Em decorrência desse exercício de controle, riscos são também assumidos. Esse tipo de situação pode permitir que certos negócios "controlados" por empresas abertas deixem de ser evidenciados nas demonstrações contábeis consolidadas, afetando, muitas vezes de forma significativa, a informação sobre a situação financeira e patrimonial da companhia como um todo. Com isso, ativos, exigibilidades, receitas e despesas podem acabar não constando das informações divulgadas sobre a entidade econômica.

Dessa forma, aplica-se à EPE a consolidação integral ou proporcional quando a essência da relação entre a companhia aberta e a EPE indicar que, de forma individual ou conjunta, esta última é economicamente controlada pela companhia aberta.

Controle sobre uma EPE

No contexto de uma EPE, o controle pode surgir pela predeterminação das suas atividades (operando em uma espécie de "piloto automático") ou mesmo de outra forma. A Instrução CVM nº 247 requer várias circunstâncias que resultam em controle econômico, até mesmo em casos nos quais uma entidade possui menos da metade da quantidade das ações representativas do poder de voto em outra entidade. De forma semelhante, esse tipo de controle pode existir mesmo em casos em que uma entidade possui pequena ou nenhuma parcela da EPE. A aplicação do conceito de controle requer, em cada caso, julgamento no contexto de todos os fatores pertinentes.

Não obstante, cabe ressaltar que a aplicação do conceito de controle econômico previsto nesta instrução e adotado para fins de apresentação da melhor informação contábil por meio do método de consolidação não corresponde ao conceito de controle estabelecido na lei societária nem implica a desconsideração da personalidade jurídica das entidades individuais.

No entanto a dependência econômica ou financeira de uma entidade com a companhia aberta (como relações de fornecedores com um cliente significativo) não caracteriza, por si só, o controle.

São apresentados, a seguir, detalhamento e exemplos dos requisitos que podem caracterizar uma relação na qual uma companhia aberta controla economicamente uma EPE e, por conseguinte, quando deve incluí-la nas suas demonstrações contábeis consolidadas. Deve ser ressaltado que essa orientação não pretende se constituir em uma listagem completa das condições que devem ser alcançadas para requerer a consolidação de uma EPE.

Indicadores de controle sobre uma EPE

Atividades

As atividades da EPE, em essência, estão sendo conduzidas em favor da companhia aberta, a qual, direta ou indiretamente, criou a EPE de acordo com suas necessidades empresariais específicas.

São exemplos:

- a EPE é estruturada principalmente para proporcionar uma fonte de capital a longo prazo ou financiamento para apoiar as operações contínuas, principais ou centrais, da companhia aberta;
- a EPE provê uma diversidade de bens ou serviços que estão de acordo com as operações da companhia aberta, as quais, sem a existência da EPE, teriam de ser providenciadas pela própria entidade.

Tomada de decisões

A companhia aberta, na essência, tem o poder de tomar as decisões para controlar ou vir a obter, futuramente, o controle da EPE ou de seus ativos, inclusive certos poderes de tomada de decisões que surgem após a formação da EPE. Tais poderes podem ter sido delegados pelo estabelecimento de um mecanismo de "piloto automático".

São exemplos:

- a companhia aberta possui o poder de dissolver unilateralmente uma EPE;
- a companhia aberta possui o poder de mudar os estatutos ou contrato social de uma EPE;
- a companhia aberta possui o poder de veto sobre propostas de mudanças nos estatutos ou contrato social da EPE.

Benefícios

A companhia aberta, na essência, tem direito de obter a maioria dos benefícios das atividades da EPE por meio de um estatuto, contrato, autorização ou qualquer outro arranjo negocial. Tais direitos aos benefícios da EPE podem ser indicadores de controle quando estão especificados em favor de uma entidade que costuma transacionar com uma EPE e a entidade continua a auferir esses benefícios do desempenho financeiro da EPE.

São exemplos:

- a companhia é titular de direitos à maioria de quaisquer benefícios econômicos distribuídos por uma entidade, na forma de fluxos monetários futuros, lucros, ativos líquidos ou outros benefícios econômicos;
- a companhia é titular de direitos à maioria dos benefícios residuais nas distribuições ou liquidações remanescentes programadas da EPE.

Uma indicação do controle pode ser obtida avaliando-se os riscos de cada parte que mantém transações com uma EPE. Freqüentemente, a companhia aberta garante, direta ou indiretamente, um retorno ou proteção de crédito, por meio da EPE, para investidores externos que proporcionam substancialmente recursos para financiamento da EPE. Como resultado dessa garantia, a companhia aberta retém os riscos residuais ou de propriedade e os investidores têm uma exposição a ganhos e perdas que é limitada.

São exemplos:

- os fornecedores de capital não têm um interesse significativo nos ativos líquidos da EPE;
- os fornecedores de capital não têm direito aos futuros benefícios econômicos da EPE;
- os fornecedores de capital não estão substancialmente expostos aos riscos inerentes dos ativos líquidos relacionados ou das operações da EPE;
- substancialmente, os fornecedores de capital recebem importância equivalente à rentabilidade do credor por meio de um instrumento de dívida ou de participação patrimonial.

Aspectos da divulgação

Algumas companhias vêm elaborando e divulgando voluntariamente as demonstrações contábeis consolidadas em bases trimestrais. Neste caso, devem ser também incluídas nessas demonstrações as EPEs na forma prevista pelos conceitos e determinações contidos nessa instrução e nota explicativa.

Quanto à obrigatoriedade da divulgação de informações sobre a EPE não incluída na consolidação, nos casos em que possa haver impacto relevante para a companhia aberta (art. 4º), deve ser considerado que a relevância da informação é influenciada pela sua natureza e materialidade, sem desconsiderar, evidentemente, a oportunidade na sua divulgação. A materialidade muitas vezes é relacionada a critérios numéricos, normalmente proporções em relação a determinadas rubricas apresentadas nas demonstrações contábeis (lucro líquido, patrimônio líquido, ativo, passivo etc.). A natureza da informação normalmente está relacionada à avaliação do empreendimento, independentemente da cifra envolvida. Em todo caso, deve ser considerada relevante, do ponto de vista do usuário das demonstrações contábeis, a informação que, se não evidenciada ou se mal evidenciada, possa influenciar o processo de tomada de decisão econômica desse usuário, podendo levá-lo a cometer sério erro sobre a avaliação do empreendimento ou sobre suas tendências.

Vigência

A obrigatoriedade da aplicação integral dessa norma somente se dará a partir das demonstrações consolidadas de 2005, possibilitando-se, dessa forma, às companhias abertas o tempo necessário para se adaptarem. A instrução faculta, no entanto, a sua adoção imediata, caso em que evidentemente não existe a obrigatoriedade da divulgação requerida no artigo 5º.

A aplicabilidade da norma

As normas internacionais de contabilidade consideram que as demonstrações contábeis são adequadas quando há uma aplicação apropriada dessas normas em praticamente todas as circunstâncias. Entretanto, em situações extremamente raras, a aplicação de uma determinada exigência pode resultar em demonstrações contábeis inadequadas, ou até mesmo enganosas, em relação aos princípios que as orientam. Este poderá ser o caso quando a aplicação automática dos procedimentos previstos nesta instrução não estiver alinhada com os conceitos nela contidos, podendo gerar demonstrações distorcidas. No entanto uma exceção à aplicação desta instrução não se justifica simplesmente porque um outro tipo de divulgação poderia ser utilizado, como em notas explicativas, por exemplo (a esse respeito podem ser consultados os parágrafos 10 e 16 do International Accounting Standards 1 — IAS 1, nos International Financial Reporting Standards). Nesse contexto, nas raras circunstâncias em que a aplicação dessa norma for claramente inadequada, a companhia poderá solicitar a exclusão da EPE das suas demonstrações contábeis consolidadas por meio de pedido fundamentado, como é hoje feito em relação aos demais processos de consolidação, inclusive nos casos de não-relevância.

O exercício de julgamento por parte da administração da companhia e de seus auditores ao incluir ou não uma EPE deve basear-se na observância dos princípios que estruturam o conjunto das demonstrações contábeis e no objetivo geral de prover informação útil. Por esta razão, deve prevalecer a essência econômica sobre a forma jurídica para que se mantenha a integridade da informação contábil consolidada.

Importante é mencionar que esta norma se insere no objetivo da CVM em buscar uma harmonização das práticas contábeis brasileiras com as normas contábeis internacionais, alinhando-se, no presente caso, às orientações emitidas pelo Iasb (SIC12, emitido em novembro de 1999) e pelo Financial Accounting Standard Board (Fasb) nº 46, emitido em janeiro de 2003.

Por fim, deve ser ressaltado que essa nota explicativa faz parte integrante da instrução, devendo os conceitos e a orientação adicionais nela constante ser observados pelas companhias abertas.

Anexo E – Instrução CVM nº 457, de 13 de julho de 2007

Art. 1º – As companhias abertas deverão, a partir do exercício findo em 2010, apresentar as suas demonstrações financeiras consolidadas adotando o padrão contábil internacional, de acordo com os pronunciamentos emitidos pelo International Accounting Standards Board — IASB.

Parágrafo único — O disposto no *caput* deste artigo aplica-se, ainda, às demonstrações consolidadas do exercício anterior apresentadas para fins comparativos.

Art. 2º — Fica facultada às companhias abertas, até o exercício social de 2009, a apresentação das suas demonstrações financeiras consolidadas com a adoção do padrão contábil internacional, emitido pelo International Accounting Standards Board — IASB, em substituição ao padrão contábil brasileiro.

§ 1º — Em nota explicativa às demonstrações financeiras consolidadas, e sem prejuízo do disposto no art. 31 da Instrução CVM nº 247, de 27 de março de 1996, devem ser divulgados, na forma de reconciliação, os efeitos dos eventos que ocasionaram diferença entre os montantes do patrimônio líquido e do lucro líquido ou prejuízo da controladora, em confronto com os correspondentes montantes do patrimônio líquido e do lucro líquido ou prejuízo consolidados, em virtude da adoção do disposto neste artigo.

§ 2º — Fica dispensada, no primeiro exercício de adoção antecipada desta Instrução, a apresentação, para fins de comparação, das demonstrações consolidadas do exercício anterior elaboradas no padrão contábil brasileiro.

Art. 3º — As companhias abertas e suas controladas incluídas na consolidação deverão utilizar, no balanço de abertura do 1º exercício da adoção desta Instrução, as informações contidas nas suas demonstrações financeiras auditadas, que tenham sido divulgadas para fins de registro no mercado internacional ou para fins de atendimento às regras do Novo Mercado da Bovespa, e que tenham atendido às Normas do IASB desde sua primeira divulgação.

Art. 4º — Os auditores independentes deverão emitir opinião sobre a adequação das demonstrações financeiras consolidadas às normas internacionais de contabilidade, bem como sobre a suficiência e adequação da nota explicativa referida no parágrafo único do art. 2º.

Art. 5º — Esta Instrução entra em vigor na data da sua publicação no *Diário Oficial da União*.

Anexo F — NBC T 8 — Demonstrações contábeis consolidadas (Resolução CFC nº 937/02)

8.1 — Conceitos e objetivos

8.1.1 — Demonstrações Contábeis Consolidadas são aquelas resultantes da agregação das demonstrações contábeis, estabelecidas pelas Normas Brasileiras de Contabilidade, de duas ou mais entidades, das quais uma tem o controle direto ou indireto sobre a(s) outra(s).

8.1.2 — Uma entidade exerce o controle sobre outra quando detém, direta ou indiretamente, por intermédio de outras entidades, direitos de sócia que lhe assegurem, de modo permanente, preponderância nas deliberações sociais e o poder de eleger ou destituir a maioria dos administradores.

8.1.3 — Uma entidade exerce o controle conjunto sobre outra quando os poderes previstos no item 8.1.2 são exercidos por duas ou mais entidades vinculadas por acordo de votos.

8.1.4 — A entidade que exerce o controle direto ou indireto sobre outra é denominada de "controladora", e a entidade comandada, de "controlada", inclusive quando esta estiver sob controle conjunto.

8.1.5 — A entidade que possuir investimento em entidades controladas, incluindo as sob controle conjunto, deve elaborar demonstrações contábeis consolidadas.

8.1.6 — As demonstrações contábeis consolidadas abrangem entidades independentes com patrimônios autônomos, não surgindo, pela consolidação, nova entidade, mas tão-somente uma unidade de natureza econômico-contábil, segundo o que estabelece o parágrafo único do artigo 4º da Resolução CFC nº 750, de 29 de dezembro de 1993, tendo por objetivo apresentar a posição patrimonial e financeira, os resultados das operações e as origens e aplicações de recursos do conjunto, sem restringir-se a limitações legais e à personalidade jurídica das entidades envolvidas.

8.1.7 — Entende-se por unidade de natureza econômico-contábil o patrimônio, sem personalidade jurídica própria, resultante da agregação de patrimônios autônomos pertencentes a duas ou mais entidades.

8.1.8 — As demonstrações contábeis consolidadas compreendem o balanço patrimonial consolidado, a demonstração consolidada do resultado do exercício e a demonstração consolidada das origens e aplicações de recursos, complementados por notas explicativas e outros quadros analíticos necessários ao esclarecimento da situação patrimonial e dos resultados consolidados.

8.2 — Procedimentos de consolidação

8.2.1 — A consolidação é o processo de agregar saldos de contas e/ou de grupos de contas da mesma natureza, de eliminar saldos de transações e de participações entre entidades que formam a unidade de natureza econômico-contábil e de segregar as participações de não-controladores, quando for o caso.

8.2.2 — A controladora deve consolidar as demonstrações contábeis de entidade controlada a partir da data em que assume seu controle, individual ou em conjunto.

8.2.3 — Os ajustes e as eliminações decorrentes do processo de consolidação devem ser realizados em documentos auxiliares, não originando nenhum tipo de lançamento na escrituração das entidades que formam a unidade de natureza econômico-contábil.

8.2.4 — Quando o controle for exercido de forma conjunta, os saldos referidos no item 8.2.1 devem ser agregados às demonstrações contábeis consolidadas de cada controladora, na proporção da participação destas no capital social da controlada.

8.2.5 — No caso de uma das entidades controladoras passar a exercer direta ou indiretamente o controle da entidade sob controle conjunto, a controladora final deve passar a consolidar integralmente os elementos do patrimônio da controlada.

8.2.6 — As entidades que formam a unidade de natureza econômico-contábil devem segregar, em contas específicas, as transações realizadas entre si.

8.2.7 — As demonstrações contábeis das entidades controladas, para fins de consolidação, devem ser levantadas na mesma data ou até no máximo 60 (sessenta) dias antes da data das demonstrações contábeis da controladora.

8.2.8 — Quando demonstrações contábeis com datas diferentes são consolidadas, devem ser efetuados ajustes que reflitam os efeitos de eventos relevantes nas entidades que ocorrerem entre aquelas datas e a data-base das demonstrações contábeis da unidade de natureza econômico-contábil.

8.2.9 — Quando o percentual de participação da controladora no capital da controlada variar durante o exercício, os resultados devem ser incluídos proporcionalmente às percentagens de participação, período por período.

8.2.10 — Das demonstrações contábeis consolidadas são eliminados:

a) os valores dos investimentos da controladora em cada controlada e o correspondente valor no patrimônio líquido da controlada;

b) os saldos de quaisquer contas decorrentes de transações entre as entidades incluídas na consolidação;

c) as parcelas dos resultados do exercício, do patrimônio líquido e do custo de ativos de qualquer natureza, que corresponderem a resultados ainda não realizados de negócios entre as entidades, exceto quando representarem perdas permanentes.

8.2.11 — Os resultados ainda não realizados, provenientes de negócios entre as entidades que formam a unidade de natureza econômico-contábil, somente se consideram realizados quando se originarem de negócios efetivos com terceiros.

8.2.12 — No processo de consolidação das demonstrações contábeis, não se podem compensar quaisquer ativos ou passivos pela dedução de outros passivos ou ativos, a não ser que exista um direito de compensação e este represente a expectativa quanto à realização do ativo e à liquidação do passivo.

8.2.13 — Os impostos e contribuições relacionados às transações entre as entidades que formam a unidade de natureza econômico-contábil devem ser reconhecidos na mesma proporção dos resultados ainda não realizados e classificados no ativo ou no passivo, a curto ou a longo prazo, como tributos diferidos.

8.2.14 — Os resultados de entidade controlada devem ser incluídos nas demonstrações contábeis consolidadas:

a) a partir da data da aquisição da participação;

b) até a data da sua baixa.

8.2.15 — As demonstrações contábeis de todas as entidades controladas, no País ou no exterior, incluindo filial, agência, sucursal, dependências ou escritório de representação, devem ser consolidadas sempre que os respectivos ativos e passivos não estejam incluídos na contabilidade da controladora por força de normatização específica.

8.2.16 — Devem ser excluídas das demonstrações contábeis consolidadas as entidades controladas que se encontrem nas seguintes condições:

a) com efetivas e claras evidências de perda de continuidade e cujo patrimônio seja avaliado, ou não, a valores de liquidação; ou

b) cuja venda por parte da controladora, em futuro próximo, tenha efetiva e clara evidência de realização devidamente formalizada.

8.2.17 — No balanço patrimonial consolidado, o valor contábil do investimento, na entidade controlada excluída da consolidação, deve ser avaliado pelo método da equivalência patrimonial.

8.2.18 — Sempre que houver efeito relevante em razão de exclusão da entidade controlada, as demonstrações contábeis consolidadas devem ser ajustadas para fins de comparação.

8.2.19 — A falta de semelhança das operações da entidade controlada com as da entidade controladora não gera sua exclusão das demonstrações contábeis consolidadas.

8.2.20 — O montante correspondente ao ágio ou deságio, proveniente da aquisição ou subscrição de capital de entidade controlada, não excluído nos termos do item 8.2.9, quando decorrente da diferença entre o valor de mercado de parte ou de todos os bens do ativo da controlada e o respectivo valor contábil, deve ser apresentado como adição ou retificação da conta utilizada pela entidade controlada, para registro do ativo especificado.

8.2.21 — O ágio ou deságio decorrente de expectativa de resultado futuro, representado pela diferença entre o valor pago na aquisição do investimento e o valor de mercado dos ativos da controlada, deve ser apresentado:

a) em conta destacada no ativo permanente, em caso de deságio; e

b) em conta específica de resultados de exercícios futuros, em caso de deságio.

8.2.22 — O valor correspondente à provisão para perdas constituídas na entidade controladora deve ser deduzido do saldo da conta da entidade controlada que tenha dado origem à constituição da provisão, ou apresentado como passivo exigível, quando representar expectativa de conversão em exigibilidade.

8.3 — Participação de não-controladores

8.3.1 — A participação de não-controladores é a parcela do capital, reservas e resultados pertencentes a acionistas ou sócios minoritários.

8.3.2 — Para fins desta norma, a participação de não-controladores no patrimônio líquido das entidades controladas deve ser destacada em grupo isolado no balanço patrimonial consolidado, imediatamente antes do grupo de patrimônio líquido.

8.3.3 — A participação de não-controladores no lucro ou prejuízo líquido (do exercício) das controladas deve ser destacada e apresentada, respectivamente, como dedução ou adição ao lucro ou prejuízo líquido consolidado.

8.3.4 — Na hipótese de consolidação proporcional, não há parcelas a destacar no Balanço Patrimonial Consolidado e na Demonstração do Resultado Consolidado.

8.4 — Notas explicativas às demonstrações contábeis consolidadas

8.4.1 — As demonstrações contábeis consolidadas devem ser complementadas por notas explicativas que contenham, pelo menos, as seguintes informações:

a) as denominações das entidades controladas incluídas na consolidação, bem como o percentual de participação da controladora em cada entidade controlada, englobando a participação direta e a indireta por intermédio de outras entidades controladas;

b) as características principais das entidades controladas incluídas na consolidação;

c) os procedimentos adotados na consolidação;

d) o valor dos principais grupos do ativo, do passivo e do resultado das entidades sob controle conjunto;

e) a razão pela qual os componentes patrimoniais de uma ou mais controladas não foram avaliados pelos mesmos critérios utilizados pela controladora;

f) a exposição dos motivos que determinaram a inclusão ou a exclusão de uma entidade controlada durante o exercício, bem como os efeitos, nos elementos do Patrimônio Líquido e Resultado Consolidados, decorrentes dessa inclusão ou exclusão;

g) a natureza e os montantes dos ajustes efetuados em decorrência da defasagem de datas de que trata o item 8.2.6, quando couber;

h) a base e o fundamento para a amortização do ágio ou deságio não absorvido na consolidação;

i) a conciliação entre os montantes do Patrimônio Líquido e do Lucro Líquido da controladora com os montantes do patrimônio líquido ou o prejuízo, consolidados, e os respectivos esclarecimentos, se necessários;

j) os eventos subseqüentes à data de encerramento do exercício ou do período que tenham ou possam vir a ter efeito relevante sobre as demonstrações contábeis consolidadas;

k) o efeito da variação do percentual de participação da controladora na controlada, dentro de um mesmo exercício.

8.4.2 — Esta norma pressupõe a divulgação em conjunto, pela controladora, de suas demonstrações contábeis e das demonstrações contábeis consolidadas. No caso de ocorrer a divulgação somente das demonstrações consolidadas, devem ser apresentados os procedimentos adotados na consolidação e aqueles adotados pela controladora e suas controladas.

8.5 — Esta Norma se aplica às demonstrações contábeis relativas aos exercícios iniciados a partir de 1º de janeiro de 2002.

Anexo G – NBC T 4 – Da avaliação patrimonial (Resolução CFC nº 732/92)

4.1 — Disposições gerais

4.1.1 — Esta norma estabelece as regras de avaliação dos componentes do patrimônio de uma entidade com continuidade prevista nas suas atividades.

4.1.2 — Os componentes do patrimônio são avaliados em moeda corrente nacional.

4.1.3 — Os componentes do patrimônio em moeda estrangeira são convertidos ao valor da moeda corrente nacional, à taxa de câmbio da data da avaliação.

4.1.4 — As parcelas dos encargos financeiros prefixados não incorridas são registradas separadamente e demonstradas como valores redutores das contas ou do grupo de contas que lhes deram origem.

4.1.5 — Os componentes do patrimônio com cláusula de atualização monetária pós-fixada são atualizados até a data da avaliação.

4.1.6 — Valor de mercado é o preço à vista praticado, deduzido das despesas de realização e da margem de lucro.

As avaliações feitas pelo valor de mercado devem ter como base transação mais recente, cotação em bolsa e outras evidências disponíveis e confiáveis.

4.1.7 — Valor presente é aquele que expressa o montante ajustado em função do tempo a transcorrer entre as datas da operação e do vencimento, de crédito ou obrigação de financiamento, ou de outra transação usual da entidade, mediante dedução dos encargos financeiros respectivos, com base na taxa contratada ou na taxa média de encargos financeiros, praticada no mercado.

4.1.8 — Quando, concretamente, a lei dispuser diferentemente desta norma, o profissional deve observar a ordem legal, em seu trabalho.

4.2 — Ativo

4.2.1 — Disponível

4.2.1.1 — As disponibilidades em moeda estrangeira são convertidas ao valor da moeda corrente nacional, à taxa de câmbio da data da avaliação.

4.2.1.2 — As aplicações financeiras de liquidez imediata, representadas por títulos negociáveis, são avaliadas pelo custo histórico, ao qual são acrescidos os rendimentos proporcionais auferidos até a data da avaliação.

4.2.1.3 — As aplicações em ouro, como ativo financeiro, são avaliadas pelo valor de mercado.

4.2.2 — Créditos

4.2.2.1 — Os direitos e títulos de crédito, originados das atividades-fim, são avaliados pelo valor nominal; aqueles sujeitos a ajustes decorrentes de atualização monetária, variação cambial, encargos financeiros de mercado e outras cláusulas contratuais têm seus valores ajustados, já excluídos os créditos prescritos.

4.2.2.2 — Os outros créditos, para com terceiros e com empresas coligadas, controladas, controladoras ou de qualquer forma associadas, são considerados pelo seu valor nominal e ajustados segundo condições estabelecidas ou contratadas.

4.2.2.3 — Os investimentos temporários são avaliados ao custo de aquisição e, quando aplicável, acrescidos da atualização monetária, dos juros e de outros rendimentos auferidos.

4.2.2.4 — Os direitos, títulos de crédito e quaisquer outros créditos mercantis, financeiros e outros prefixados, são ajustados a valor presente.

4.2.2.5 — As provisões para perdas ou riscos de créditos são constituídas com base em estimativas de seus prováveis valores de realizações.

4.2.3 — Estoques

4.2.3.1 — Os estoques de mercadorias, matérias-primas, outros materiais e componentes são avaliados pelo custo de aquisição, atualizado monetariamente, ou pelo valor de mercado, quando este for menor.

4.2.3.2 — Os estoques de produtos acabados e em elaboração e os serviços em andamento são avaliados pelo custo de produção, atualizado monetariamente, ou pelo valor de mercado, quando este for menor.

4.2.3.3 — Os estoques obsoletos ou inservíveis são avaliados pelo valor líquido de realização, e os estoques invendáveis devem ser baixados.

4.2.3.4 — Os estoques de animais e de produtos agrícolas e extrativos, destinados à venda, poderão ser avaliados pelo valor de mercado, quando atendidas as seguintes condições:

a) que a atividade seja primária;

b) que o custo de produção seja de difícil determinação;

c) que haja um efetivo mercado que possibilite a liquidez imediata desse estoque e que valide a formação do seu preço;

d) que seja possível estimar o montante das despesas de realização da venda.

4.2.4 — Despesas antecipadas

4.2.4.1 — As despesas antecipadas são avaliadas pelo valor aplicado atualizado monetariamente.

4.2.5 — Outros valores e bens

4.2.5.1 — Outros valores e bens são avaliados, segundo sua natureza, pelos critérios indicados por esta norma.

4.2.6 — Investimentos permanentes

4.2.6.1 — Os investimentos permanentes são avaliados pelo custo de aquisição, atualizado monetariamente, ou com base no valor de patrimônio líquido.

4.2.6.2 — São avaliados como base no valor de patrimônio líquido:

a) o investimento relevante em cada coligada, quando a investidora tenha influência na administração ou quando a porcentagem de participação da investidora representar 20% (vinte por cento) ou mais do capital social da coligada;

b) os investimentos em cada controlada;

c) os investimentos em coligadas e/ou controladas cujo valor contábil seja, em conjunto, igual ou superior a 15% (quinze por cento) do patrimônio líquido da investidora.

Parágrafo único — Os conceitos das empresas coligadas, controladas e de relevância de investimentos são aqueles estabelecidos pela legislação societária.

4.2.6.3 — O custo de aquisição de investimento em coligada e/ou controlada é desdobrado em:

a) valor de patrimônio líquido baseado em balanço patrimonial levantado no prazo da legislação societária;

b) ágio e deságio na aquisição, representados pela diferença para mais ou menos, respectivamente, entre o custo de aquisição do investimento e o valor do patrimônio líquido, que serão amortizados com base em sua fundamentação econômica.

4.2.6.4 — As provisões para perdas no valor dos investimentos são constituídas com base em perdas potenciais.

O item 4.2.6.4 foi alterado pela Resolução CFC nº 846, de 25 de maio de 1999.

4.2.6.5 — O valor dos investimentos não é modificado em razão do recebimento, sem custo, de ações e quotas bonificadas.

4.2.7 — Imobilizado

4.2.7.1 — Os componentes do ativo imobilizado são avaliados ao custo de aquisição ou construção, atualizado monetariamente, deduzido das respectivas depreciações, amortizações e exaustões acumuladas, calculadas com base na estimativa de sua utilidade econômica.

4.2.7.2 — Os bens e direitos recebidos por doação são registrados pelo valor nominal ou de mercado, o que for mais claramente identificado.

4.2.7.3 — O fundo de comércio e outros valores intangíveis adquiridos são avaliados pelo valor transacionado atualizado monetariamente, deduzido das respectivas amortizações, calculadas com base na estimativa de sua utilidade econômica.

4.2.8 — Diferido

4.2.8.1 — Os componentes do ativo diferido são avaliados ao custo de aplicação, atualizado monetariamente, deduzido das respectivas amortizações, calculados com base no período em que serão auferidos os benefícios deles, decorrentes a partir do início da operação normal. A baixa do valor aplicado deve ser registrada quando cessarem os empreendimentos que integravam, ou restar comprovado que estes não produzirão resultados suficientes para amortizá-los.

4.3 — Passivo

4.3.1 – As obrigações e os encargos, conhecidos ou calculáveis, são computados pelo valor atualizado até a data da avaliação.

4.3.2 — Os passivos contingentes, decorrentes de obrigações trabalhistas, previdenciárias, fiscais, contratuais, operacionais e de pleitos administrativos e judiciais, são provisionados pelo seu valor estimado.

4.3.3 — As obrigações em moeda estrangeira são convertidas ao valor da moeda corrente nacional, à taxa de câmbio da data da avaliação.

4.3.4 — As obrigações de financiamento com valor prefixado são ajustadas ao valor presente.

4.3.5 — As demais obrigações com valor nominalmente fixado, e com prazo para pagamento, são ajustadas ao valor presente.

Anexo H — Deliberação CVM nº 26/86

Discussão do problema

Introdução

Uma das evidentes intenções do legislador ao regulamentar as atividades das sociedades por ações e as responsabilidades do seu acionista controlador e dos seus administradores (Lei nº 6.404/76, art. 117) foi a proteção do acionista minoritário. É neste contexto que se inserem dispositivos como as penalidades ao desvio de poder dos administradores, a figura do conflito de interesses, o direito de dissidência e, sem dúvida alguma, a divulgação (embora definida em forma incompleta) das transações entre partes relacionadas.

Para permitir uma adequada interpretação das demonstrações financeiras por parte de seus usuários e de quem com base nelas vá tomar decisões de caráter econômico-financeiro, é necessário que as transações entre partes relacionadas sejam divulgadas de modo a fornecer ao leitor, e principalmente aos acionistas minoritários, elementos informativos suficientes para compreender a magnitude, as características e os efeitos desse tipo de transação sobre a situação financeira e sobre os resultados da companhia.

Para poder estabelecer os critérios para identificação das transações que devem ser divulgadas e a extensão dessa divulgação, é mister definir dois conceitos fundamentais:

- partes relacionadas;
- transações que merecem divulgação (ou, ao menos, especial atenção).

Partes relacionadas podem ser definidas, de um modo amplo, como aquelas entidades, físicas ou jurídicas, com as quais uma companhia tenha possibilidade de contratar, no sentido lato deste termo, em condições que não sejam as de comutatividade e independência que caracterizam as transações com terceiros alheios à companhia, ao seu controle gerencial ou a qualquer outra área de influência. Os termos "contrato" e "transações" referem-se, neste contexto, a operações como comprar, vender, emprestar, tomar emprestado, remunerar, prestar ou receber serviços, condições de operações, dar ou receber em consignação, integralizar capital, exercer opções, distribuir lucros etc.

Em geral, a referida possibilidade de contratar em condições que não as de comutatividade e independência se dá entre entidades nas quais uma delas, ou seus acionistas controladores, detém participação a lhe assegurar preponderância nas deliberações sociais da outra. Mas o conceito de partes relacionadas deve estender-se, também, ao relacionamento econômico:

- entre empresas que, por via direta ou indireta, respondam ao mesmo controle societário;
- entre empresas com administradores comuns ou que possam influenciar e/ou se beneficiar de determinadas decisões nas referidas empresas, tomadas em conjunto ou individualmente;

- de uma empresa com seus acionistas, cotistas e administradores (quaisquer que sejam as denominações dos cargos), e com membros da família, até o terceiro grau, dos indivíduos antes relacionados;
- de uma empresa com suas controladas diretas ou indiretas e coligadas ou, com acionistas, cotistas ou administradores de suas controladoras e coligadas e vice-versa;
- de uma empresa com fornecedores, clientes ou financiadores com os quais mantenham uma relação de dependência econômica e/ou financeira, ou de outra natureza que permita essas transações.

A definição e a exemplificação antes mencionadas não esgotam, necessariamente, os elementos a serem levados em conta para identificação das partes que devem ser qualificadas como "relacionadas", nem restringem as informações que devem ser divulgadas pela Lei nº 6.404/76, particularmente nos seus arts. 176, 243 e 247, e pela Instrução CVM nº 01.

Maior ou menor destaque na divulgação das transações deverá ser dado, considerando os seguintes fatos:

- se a transação foi efetuada em condições semelhantes às que seriam aplicadas entre partes não-relacionadas (quanto a preços, prazos, encargos, qualidade etc.) que contratassem com base em sua livre vontade e em seu melhor interesse;
- se as transações por si ou por seus efeitos afetam ou possam vir a afetar, de forma significativa, a situação financeira e/ou os resultados e sua correspondente demonstração, das empresas intervenientes na operação.

A relação seguinte é uma meramente exemplificativa, logo, não-exaustiva, de transações entre partes relacionadas que devem ser divulgadas:

- compra ou venda de produtos e/ou serviços que constituem o objeto social da empresa;

- alienação ou transferência de bens do ativo;
- alienação ou transferência de direitos de propriedade industrial;
- saldos decorrentes de operações e quaisquer outros saldos a receber ou a pagar;
- novação, perdão ou outras formas pouco usuais de cancelamento de dívidas;
- prestação de serviços administrativos e/ou qualquer forma de utilização da estrutura física ou de pessoal de uma empresa pela outra ou outras, com ou sem contraprestação;
- avais, fianças, hipotecas, depósitos, penhores ou quaisquer outras formas de garantia;
- aquisição de direitos ou opções de compra ou qualquer outro tipo de benefício e seu respectivo exercício;
- quaisquer transferências não-remuneradas;
- direitos de preferência à subscrição de valores mobiliários;
- empréstimos e adiantamentos, com ou sem encargos financeiros, ou a taxas favorecidas;
- recebimentos ou pagamentos pela locação ou comodato de bens imóveis ou móveis de qualquer natureza;
- manutenção de quaisquer benefícios para funcionários de partes relacionadas, como planos suplementares de previdência social, plano de assistência médica, refeitório, centros de recreação etc.;
- limitações mercadológicas e tecnológicas.

Opinião do Ibracon

Critérios de divulgação

Os saldos existentes à data do balanço e as transações ocorridas que mereçam divulgação devem ser destacados nas demonstrações financeiras, como se segue:

- saldos e transações inseridos no contexto operacional habitual das empresas devem ser classificados em conjunto com os saldos e transações da mesma natureza;
- saldos e transações não-inseridos no contexto operacional normal devem ser classificados em itens separados.

A referida divulgação pode ser feita no corpo das demonstrações financeiras ou em notas explicativas, qual seja o mais prático, respeitada a condição de fornecer detalhes suficientes para identificação das partes relacionadas e de quaisquer condições essenciais ou não estritamente comutativas inerentes às transações em pauta. Deve ser indicado, em todos os casos, se as transações foram feitas a valores e prazos usuais no mercado ou de negociações anteriores que representam condições comutativas.

No caso de transações com fornecedores, clientes ou financiadores com os quais a empresa mantém uma relação de dependência econômica, financeira ou tecnológica, os saldos ou os montantes das operações efetuadas durante o exercício deverão ser divulgados como uma explicação sucinta da natureza do relacionamento ou da dependência. Esta divulgação poderá ser incluída na nota explicativa referente às operações ou saldos normais do mesmo tipo (por exemplo: clientes, financiamentos etc.) ou em nota específica.

Por fim, deve-se ressaltar que o conceito de apresentação adequada das demonstrações financeiras pressupõe um fator importante no processo de tomada de decisão quanto à divulgação ou não das transações com partes relacionadas, que é a relevância dos mesmos. Deve-se medir convenientemente a relevância de quaisquer discrepâncias ou variações em relação às práticas aceitas decorrentes daquelas transações antes de se decidir pela sua divulgação.

Nas demonstrações financeiras consolidadas que incluam as partes relacionadas, como regra geral não será necessária a divulgação da maioria dos saldos e transações com partes relacionadas, já que eles são eliminados no processo de consolidação. Entretanto, tanto as transações com a pessoa física dos administradores e/ou controladores, como as operações que revelam dependência econômica e/ou financeira, não são eliminadas no referido processo; porquanto, esses montantes devem ser revistos, desta vez em relação com a significância dos saldos consolidados.

Aplicação deste pronunciamento

Este procedimento deverá ser aplicado em demonstrações financeiras com exercícios sociais encerrados a partir de 1º de junho de 1986; entretanto sua aplicação imediata é encorajada.

Os autores

Ricardo Lopes Cardoso

Doutor em ciências contábeis pela Faculdade de Economia, Administração e Contabilidade da Universidade de São Paulo (FEA/USP), mestre em ciências contábeis pela Faculdade de Administração e Finanças da Universidade do Estado do Rio de Janeiro (FAF/Uerj), contador e advogado. Professor adjunto da Escola Brasileira de Administração Pública e de Empresas da Fundação Getulio Vargas (Ebape/FGV) e da FAF/Uerj. Coordenador do Núcleo de Estudos em Contabilidade e Controladoria (Necc) da Ebape/FGV. Coordenador editorial, no Brasil, da *Revista Portuguesa e Brasileira de Gestão* (RPBG). Co-autor dos livros *Contabilidade geral* (Atlas, 2007) e *Contabilidade gerencial* (Atlas, 2007); autor do capítulo "Reflexos da regulação econômica na informação contábil prestada pelo ente regulado", do livro *Regulação no Brasil: desenho, governança, avaliação* (Atlas, 2007), e co-autor dos capítulos "Pesquisa em contabilidade e controladoria", do livro *Pesquisa quantitativa em administração* (Atlas, 2006), e "Hipótese de mercado eficiente e modelo de precificação de ativos financeiros", do livro *Teoria positiva da contabilidade* (Atlas, 2004). Participou, ainda, da sexta edição do *Manual de contabilidade das sociedades por ações — Fipecafi* (Atlas, 2003). Dedica-se à pesquisa aplicada em informação contábil: relevância e escolha de práticas contábeis.

Carlos Vieira

Mestre em ciências contábeis pela FAF/Uerj, pós-graduado em ciências contábeis pelo Instituto Superior de Estudos Sociais Clóvis Bevilácqua, MBA em finanças pela Pontifícia Universidade Católica do Rio de Janeiro (PUC-Rio), graduado em economia e contabilidade pela Universidade Gama Filho (UGF). Sua experiência profissional inclui o cargo de coordenador em cursos de graduação, professor em cursos de graduação e pós-graduação em diversas instituições, assessoria a diversas empresas. Participante da banca de concurso da Fundação João Goulart, perito do juiz e co-autor do livro *Contabilidade para executivos* (FGV, 2003).

Paulo Sérgio Machado Furtado

Mestre em ciências contábeis pela FAF/Uerj, é auditor e professor. Conta com mais de 30 anos de experiência em importantes empresas de auditoria nacionais e internacionais. Foi membro do American Regional Board, da BKR International, uma associação mundial de empresas de auditoria com sede em Nova York. É professor dos programas de pós-graduação e *master of business administration* (MBA) da FGV desde que estes cursos foram implementados no Brasil. Professor do Instituto de Auditores Independentes do Brasil (Ibracon) e do Institute of International Research (IIR), já tendo lecionado na

Pontifícia Universidade Católica (PUC), nas Informações Objetivas (IOB), no Conselho Regional de Contabilidade (CRC) e na Associação Brasileira de Mercado de Capitais (Abamec). Leciona as disciplinas de contabilidade avançada, contabilidade internacional, US GAAP, contabilidade para executivos não-financeiros, auditoria tributária, planejamento tributário e sistema tributário nacional.

Waldir Jorge Ladeira dos Santos

Contador, mestre em ciências contábeis pela FAF/Uerj, pós-graduado em auditoria interna, em administração de recursos humanos e em docência superior. Sua experiência profissional inclui os cargos de oficial do Exército Brasileiro, secretário municipal de Fazenda da Prefeitura de São Gonçalo e secretário municipal de Controle Interno das prefeituras de Magé, São Gonçalo e Nova Iguaçu, todas no estado do Rio de Janeiro. Professor universitário, chefe de departamento e coordenador em diversas Instituições de Educação Superior (IES). Professor-assistente da FAF/Uerj, da Universidade Mackenzie/Faculdade Moraes Júnior; professor convidado do FGV Management, conselheiro do Conselho Regional de Contabilidade do Estado do Rio de Janeiro (CRC/RJ), diretor do Sindicato dos Contabilistas do Rio de Janeiro, professor de bancas de concursos públicos e consultor independente.

Este livro foi impresso nas oficinas gráficas da Editora Vozes Ltda.,
Rua Frei Luís, 100 – Petrópolis, RJ,
com papel fornecido pelo editor.